청소년, 선거의 주인이 되어 볼까?

이효건 지음

이집트

2024년은 우리나라에서도 국민의 대표인 국회의원을 선출하는 중요한 행사가 있는 해이지만 전 세계적으로도 80억 인구의 약 41%, 전 세계 국내총생산(GDP)의 42%에 달하는 지역에서 선거가 이루어집니다. 그래서 미국 최대 스포츠 이벤트인 슈퍼볼처럼 '민주주의 슈퍼볼'이 열리는 셈이라고 불리는 해입니다.

저는 지난 2013년 '청소년 정치의 주인이 되어볼까?'라는 책으로 청소년 여러분들이 왜 정치에 관심을 가져야 하는지, 그러면 세상은 어떻게 바뀔지에 관해 얘기한 적이 있습니다. 그 뒤로 2019년 공직선거법 개정으로 선거권 연령이 18세로 낮춰져 고등학생도 선거에 참여할 수 있게 되었고, 국회의원 피선거권도 지난 2022년 18세로 낮아지며 이젠 고등학생 국회의원 후보도 볼 수 있게 되었습니다. 뿐만 아니라 정당에 가입하여 정치 활동을 할 수 있는 나이도 16세로 낮아지면서 고등학교 1학년 학생에게도 정당 활동의 문이 열리게 되었습니다.

하지만 우리 정치 현실에서 또는 교육 현실에서 법 개정에 맞게 학생들의 실질적인 정치 활동이 가능할지는 의문입니다. 무엇보다 우리 사회에서 정치가 얼마나 중요한 역할을 하는지, 따라서 정치인은 어떤 기준에 의해 선택해야 하는지에 대한 현실적인 교육이 부족한 상태입니다. 그러다 보니 청소년들은 정치에 대해서 무지하고 그래서 정치적 권리를 누리기에는 부족한 존재로 평가되기 십상입니다. 또, 실제 선거는 어떤 방식으로 진행되며, 투표소에서 기표는 어떻게 하면 되는지, 선거 기간 중 해도 되는 일과 해서는 안 되는 행동은 어떤 것들인지에 대한 교육은 거의 없는 상태라고 하겠습니다.

학교 교육에서 이런 것들이 부족하다면 사회 선생님으로서 뭐라도 해봐야 하지 않을까 하는 마음으로 '선거'에 관한 모든 얘기를 적어 보아야겠다고 생각했습니다. 의욕과는 다르게 전 세계에는 너무나도 많은 정치 형태와 선거 형태가 있기에 모든 것을 다 담지는 못하고, 우리나라와 밀접한 관련이 있고, 전 세계 정치 흐름에 중요한 영향을 끼치는 국가들을 중심으로 정치와 선거 형태를 담아보았습니다. 부족하나마 생각을 글로 옮기는데, 도움을 주신 모든 분께 감사의 말씀을 드리며, '선거의 해'라고 불리는 2024년을 맞는 우리나라의 유권자분들 특히, 청소년 여러분들이 이 책을 통해 선거의 중요성을 한층 중요하게 느끼는 계기가 되었으면 합니다. 감사합니다.

2024년 2월

이효건

3

선거와 전략

4

생활 속 선거

5

유익한 선거 이야기

6

국가별 선거 이야기

7

초기의 우리나라 선거

8

민주화 이후의 우리나라 선거

1

선거의
의미와
역사

현대˚사회에서 선거의 의미는 무엇일까?

>> 선거 이야기

학생회장을 교장 선생님이 지명하는 것과 학생들이 직접 뽑는 것은 어떤 차이가 있을까요? 아마도 누구의 의사를 더 잘 반영하느냐의 차이가 있겠죠? 교장 선생님이 지명한 학생회장은 학생들의 의견보다는 교장 선생님의 의견을 더 신경 쓸 것이고, 학생들이 뽑은 학생회장은 그 반대겠지요. 민주 사회에서 선거의 의미는 그런 것입니다. 나라의 주인인 국민의 의사를 가장 잘 구현해 낼 사람을 국민의 손으로 직접 뽑는다는 것이 선거의 의미입니다.

이러한 선거의 첫 번째 기능은 국민의 대표를 뽑는 것입니다. 나라의 주권, 즉 주인 된 권리는 국민에게 있고 그 국민들의 의견을 받들어 실천할 대표를 뽑는 것이 바로 선거입니다. 프랑스 철학자 루소는 선거에 대해 "국민은 투표할 때만 주인이고, 선거가 끝나면 노예가 된다."라고 말했지만, 그래도 선거 때면 정치인들이 유권자들에게 머리를 조아리는 것을 보면 선거가 국민이 국가의 주인이라는 것을 보여주는 것은 맞겠지요? 그래서 선거는 요즘 같은 간접 민주제에서 가장 중요한 행위라고 할 수 있습니다.

논술의 힘, 어휘력 ────────

● 현대 : 오늘날의 시대. 현시대. ② 역사 편찬의 편의
를 위한 시대의 구획(우리나라 역사에서는 고종·
순종 시대 이후부터 현재까지를 말함).

　선거의 두 번째 기능은 선거를 통해 국민이 자연스럽게 국가의 정책 결정 과정에 참여하게 되죠. 예를 들어 대통령 선거에서 '가' 후보는 대학입시에서 정시 확대를 공약으로 내걸고, '나' 후보는 수시 확대를 공약으로 내걸었다고 치죠. 이때, 내세운 공약을 검토하여 누구를 선출시키느냐에 따라 국가 정책이 결정되고, 이것이 국민의 뜻이 되는 것이죠. 그래서 "선거를 통해서 국민에 의한 지배가 실현된다."라고 말하는 겁니다.

　선거의 세 번째 기능은 민주적인 절차에 따라 뽑힌 정권에 합법성과 정당성을 부여한다는 것입니다. 합법적이고 정당한 절차를 거쳐 국민 다수의 선택을 받은 정치권력은 떳떳하게 임무를 수행할 수 있겠지요. 그런데 문제는 '선거'라는 형식적 절차를 거쳐서 독재가 '합법화'될 수도 있다는 거지요. 제2차 세계대전을 일으킨 히틀러나 우리나라에서 유신헌법을 통해 독재를 저질렀던 박정희도 모두 형식적으로는 국민 투표를 거쳐서 합법적으로 권력을 행사했습니다. 그래서 국민들의 민주주의에 대한 올바른 판단이 뒷받침되어야 정의로운 민주주의가 실현될 수 있는 것이죠.

마지막으로 선거는 권력을 통제하는 기능을 합니다. 우리나라의 대통령 제도는 5년 단임제로, 임기 동안 국가를 잘 운영했다 하더라도 5년 후에는 다른 사람으로 대통령이 바뀝니다. 그리고 국회의원은 단임제는 아니지만 4년으로 임기가 정해져 있습니다. 이런 과정에서 자연스럽게 국민이 권력을 통제하게 되는 것입니다.

이와 같이 선거는 현대 민주 정치에서 가장 중요한 기능을 담당하는 도구입니다. 그러니 누구나 빠짐없이 이 중요한 권리를 행사하는 것이 국민의 당연한 도리겠지요?

고대˙그리스·로마 시대에는 대표를 어떻게 뽑았을까?

여러분이 생각하는 선거의 모습이란 정치권력을 얻고자 하는 여러 사람이 나서서 치열하게 경쟁하고, 유권자들이 누군가를 대표로 뽑아주면 승자는 기쁨의 환희와 함께 많은 권력을 가지게

논술의 힘, 어휘력 ─────

● 고대 : ① 옛 시대. 고세 ② 역사의 시대 구분에서 원시 시대와 중세의 사이(우리나라는 고조선 때부터 통일 신라 시대까지를 이름).

되고, 패자는 쓸쓸히 퇴장하는 그런 모습이겠지요?

하지만 민주주의의 기원이라 불리는 고대 그리스와 로마에서는 대표를 뽑는 과정이 지금과는 매우 달랐어요. '아테네'나 '스파르타'로 대표되는 그리스 시대 도시국가는 그 규모가 보통 수만 명 정도에 그치고, 그나마 성인 남성 수천 명 만을 '시민'으로 규정하였기에 국가의 중요한 의사 결정은 모든 시민이 모여서 직접 토의하여 결정하는 '직접민주제'였어요. 아테네에서는 '아고라'라는 광장에 모여 정치 문제와 사상 문제 등을 토론하고 결정했는데요, 지금도 그리스 하면 떠오르는 '아크로폴리스'가 바로 그 아고라였습니다.

아테네 시민들은 정치를 특별한 능력을 갖춘 사람이 다른 사람들을 통치하는 것으로 생각하지 않았어요. 그래서 아테네에서는 공직에 참여할 사람과 재판관 등을 추첨으로 선발했고, 돌아가면서 맡았습니다. 그래서 이런 특징을 가진 고대 그리스 민주주의를 '추첨 민주주의'라고 부르기도 합니다. 당시의 선거는 '클레로테리온'이라는 비석을 이용한 제비뽑기 형식이었는데, 클레로테리온에 자기 이름을 넣고, 좌측에 흰 구슬과 검은 구슬을 넣어서 흰 구슬이 자신의 이름 앞에 위치하면 배심원으로 선발되는 방식이었어요. 정치적 대표나 재판관을 '운'에 맡기는 이 방식은

논술의 힘, 어휘력 ————

- 배심원 : 일반 국민 가운데에서 선출되어 배심 재판에 참여하는 사람.

그 누구도 술수를 쓸 수 없고, 누구라도 대표자가 될 수 있는 공평한 기회를 부여했기 때문에 민주주의 백미로 꼽히기도 합니다.

한편 아테네 시민들은 일상적이고 평화로운 정치 활동을 위협하는 권력자의 등장을 막기 위해 '도편 추방제'라는 제도도 이용했습니다. 이것은 시민들의 모임인 '민회'에서 국가에 해를 끼칠 것이 우려되는 인물의 이름을 조개껍데기나 도자기 파편에 적게 하여 6천 표 이상이 나오면 국가에서 추방하는 제도였어요. 시민의 평화를 위협하는 독재자 또한 투표로 내쫓았다니 이래서 고대 그리스 도시국가의 정치제도를 민주주의의 근원이라고 부르는 거겠죠?

근대에는 선거가 어떻게 바뀌었을까?

고대 그리스·로마 시대에 그 싹을 틔웠던 민주주의적 선거는 중세에 들어 세습적으로 대물림되는 '왕'의 등장으로 그 의미를 잃게 되었습니다. 그래서 우리는 그 중세를 '암흑기'라고 부르기도 합니다. 종교적으로 '신(神)'이 중심이 되고, 정치적으로도 시민보다는 왕권이 중심이 되는 사회였기에 인권이나 민주주의의 관점에서 보면 암흑기였던 셈이죠.

이런 암흑기가 물러가고 근대가 시작되는 시점에 중요한 사건이 일어나는데, 이것이 '시민 혁명'입니다. 모든 사회적 변화가 그렇듯, 시민 혁명도 어느 날 갑자기 찾아온 것이 아니라 오랜 기간의 사상적·실천적 노력이 뒷받침되어 일어났습니다. 시민 혁명 중에서도 가장 대표적인 것이 프랑스 대혁명인데요, 혁명 직후 발표된 '인권 선언(인간 및 시민의 권리 선언)' 제3조에 이런 내용이 들어있습니다.

논술의 힘, 어휘력 ────────

- 중세 : 고대에서 근대에 이르는 중간의 시대. 우리나라는 고려 시대. 서양에서는 민족 대이동부터 동로마 제국이 멸망할 때까지의 5~15세기경을 말함. 중세기.
- 암흑기 : 도덕이나 문화가 쇠퇴하고 세상이 어지러운 시기. 암흑시대.

3조. 모든 주권은 본질적으로 국민에게 있다.

어떤 단체나 개인도 국민에게서

직접 나오지 않은 권력을 행사할 수 없다.

　이 선언만 보면, 다시 민주주의가 돌아오고, 전체 시민의 손으로 권력을 만들어내는 진정한 민주주의 시대가 올 것만 같지요? 하지만 실상은 그렇지 않았습니다. 재산이 많고 적음에 따라, 여성이냐 남성이냐에 따라, 피부색이 어떤 것이냐에 따라 선거권은 달리 적용되었어요. 뒤에 설명하겠지만 그야말로 목숨을 건 처절한 투쟁 뒤에야 선거권을 얻게 된 것이 민주주의 역사였습니다.

　프랑스 혁명 이외에 영국의 '명예혁명'이나 '미국 독립 혁명' 역시 선거와 대표의 중요성을 강조합니다. 특히 미국의 독립 혁명 과정은 "(선거로 뽑힌) 대표 없는 곳에 세금 없다"라는 말로

와아아아!

이제부터 국민이
왕이다!

요약되곤 하는데, 이것은 아메리카 대륙에 이주한 영국인들에게 본국 의회 의원 선거권은 주지 않은 채 세금만 걷어가는 현실에 대한 불만을 나타낸 말입니다.

결국, 대표를 뽑는 선거권을 얻기 위해 전쟁까지 일어나고 그 것이 오늘날 세계 최강대국 미국을 만들었으니, 역시 인간의 소중한 권리를 보장받기 위해서는 선거가 가장 중요하다는 말이겠지요?

노동자들은 투표권이 없었다고요?

우리나라 국회의원을 뽑는 선거에 부자들만 참여하게 한다면 당연히 국회의원에는 부자들만 당선되겠지요? 일반적으로 본인이 부자라면 국회의원도 부자를 당선시켜야 자신들을 위한 법률, 예를 들어 세금을 깎아주거나 노동자들을 싼값에 쓸 수 있는 법을 만들어줄 테니까요. (물론 매우 양심적인 부자들이라면 그렇지 않을 수도 있겠지만요.)

근대 민주주의의 원조라고 할 수 있는 영국에서조차도 1830년대까지 가난한 노동자들에게는 선거권을 주지 않았고, 또 재산이 없으면 선거에 나갈 수 있는 후보 자격조차도 주지 않았습니

논술의 힘, 어휘력

- 근대 : ① 얼마 지나지 않은 가까운 시대. ② 역사의 시대 구분의 하나. 근고(近古)와 현대의 중간 시대.

다. 이러한 상황을 개선하고자 영국 노동자들이 일으킨 운동이 바로 '차티스트 운동' 입니다. 이 운동의 이름은 1838년 '윌리엄 러벳' 이 기초한 법안인 '인민헌장(People's Charter)' 의 이름을 딴 것으로 인민헌장은 남성의 보통 선거권, 균등한 선거구˙ 설정, 비밀투표, 매년 선거, 의원의 보수 지급, 의원 출마자의 재산에 따른 자격 제한 폐지 등 6개의 요구 조항을 담고 있었습니다. 뒤에서 따로 설명하겠지만, 일정한 나이가 되면 누구나 선거권을 가지는 보통선거, 돈이 없는 사람도 의원으로 활동할 수 있도록 보수를 지급, 또 입후보자의 재산이 많지 않으면 출마를 못하게 막았던 자격 제한 폐지 등은 노동자들의 의회 진출을 위해 꼭 필요한 제도였죠.

　이 운동은 10여 년에 걸쳐 수백만 명이 참여하는 서명 운동˙과 무장 투쟁 등 다양한 양상으로 전개되었지만, 운동 지도부의 분열과 정부의 탄압 등으로 실패하게 됩니다. 그러나 이 운동의 영향으로 영국의 노동조합˙ 운동이 발전하고, 오늘날 영국 양당 제도의 한 축인 노동당이 창당되는 기초를 마련하게 됩니다. 그리고 영국의 기득권층이 아무리 보수˙적이라고 할지라도 민주주의

논술의 힘, 어휘력

- 선거구 : 의원을 선출하는 단위로 구분한 구역.
- 서명운동 : 어떤 주장이나 의견에 대해 찬성의 뜻으로 서명을 받기 위한 운동.
- 노동조합 : 노동자가 자주적으로 노동 조건의 유지ㆍ개선 및 사회적 지위를 향상시키기 위하여 조직하는 단체. 노조.

라는 시대의 흐름을 거부할 수는 없는 노릇이었던 터라, 마침내 1884년의 선거법 개정을 통해 영국에서도 보통선거가 정착되었습니다. 그렇지만 이것도 어디까지나 '남성'에게 한정된 보통선거였다는 한계를 가지고 있었습니다.

여성들은 투표권이 없었다고요?

우리나라에서 여성들에게는 선거권을 주지 않겠다고 한다면 어떤 일이 벌어질까요? 여성분들이 가만있지 않겠지요? 1800년대 후반 영국에서 바로 이런 일이 벌어졌어요.

'차티스트 운동'의 영향으로 1867년까지 영국에서는 대부분 남성에게 선거권을 주었지만, 여성들에게는 선거권을 주지 않았어요. 이에 여성 참정권을 주장하는 여성들이 격렬히 저항했어요. 그러던 중 1913년 6월 4일 여성 참정권 운동가 에밀리 데이비슨(Emily Davison)이 경마 대회에서 결승선으로 질주하던 국왕 조지 5세의 경주마를 향해 몸을 던지는 사건이 발생합니다. 그녀는 사건 사흘 후에 사망합니다.

논술의 힘, 어휘력

- 보수 : ① 보전하여 지킴. ② 재래의 풍속·습관과 전통 따위를 중시해서 그대로 지킴.
- 참정권 : 국민이 국정에 직접 또는 간접으로 참여하는 권리(선거권·피선거권·공무원이 될 수 있는 권리 따위).

에밀리 데이비슨은 옥스퍼드 대학 출신의 중산층 엘리트로 여성 참정권 운동을 하다 9차례나 체포됐으며 7차례 단식 투쟁을 벌이고, 49차례에 걸쳐 음식을 강제 투입 당하는 고문을 겪기도 했어요. 그만큼 여성 참정권에 진심이었던 거죠. 에밀리 데이비슨의 장례식에는 무려 약 5천 명의 여성이 모였다고 합니다.

결국 영국은 1918년 30세 이상 여성들의 참정권을 허용하게 됩니다. 그리고 1928년의 선거법 개정 결과 21세 이상 모든 남녀에게 선거권이 주어지며 완전한 보통선거가 이뤄졌어요. 그런데 이러한 영국 등 유럽 국가들의 여성 참정권 보장은 제1차 세계 대전(1914~1918) 중 남성들이 대부분 전쟁터로 끌려가고 여성들이 후방에서 군수품 생산이나 보급, 기타 행정 업무를 담당하면서 여성들의 사회 참여가 늘어난 결과로 보기도 합니다.

한편, 여성의 선거권을 처음 인정한 나라는 1893년 뉴질랜드이며 유럽에서는 1906년 핀란드에서 처음으로 보통선거를 시행하면서 여성에게 선거권을 부여했습니다. 우리나라에서는 1945년 광복 이후 미군정(軍政)의 영향으로 서구식 민주주의가 도입되어 첫 번째 선거인 1948년 510 총선거부터 남녀가 평등하게 선거권을 갖는 보통선거가 도입되었습니다.

흑인들은 투표권이 없었다고요?

미국은 1776년에 영국으로부터 독립을 선언했으니 약 250년이 된 나라이고, 그동안 대통령은 모두 46명이었는데, 그럼 그중 흑인 대통령은 몇 명이었을까요? 놀랍게도 단 한 명, 44대 오바마 대통령뿐이었어요. 미국 전체 인구 중 흑인 비율이 약 15% 정도인 것을 고려해도 46명 중 한 명뿐이라는 건 너무 적지요? 그나마 최근의 일이니, 옛날 흑인들의 정치적 권리는 어땠을까 생각해 보면 가엾은 생각이 들 정도지요.

노예로 시작된 미국에서의 흑인 역사는 1863년 링컨(Lincoln)의 노예해방선언 이후에도 별로 달라지지 않아서, 투표권은 물론 인간으로서 권리도 제대로 갖지 못했지요. 1950년대까지 버스나 벤치와 같은 공공장소에서 백인과 흑인의 전용칸이 따로 존재했고, 학교도 분리되었으며, 식당도 따로 사용해야만 했어요. 1955년, 몽고메리라는 곳에서 흑인 여성 '로자 파크스'가 백인에게 자리를 양보하라는 버스 기사의 요구를 거절하여 '흑백 인종 분리법' 위반으로 경찰에 체포되는 사건이 있었어요. 이에 흑인들은 '버스 탑승 거부 운동'을 펼쳤고, 결국 법원에서 흑백 분리 지침은 헌법을 위반한 것이라는 판결을 받게 돼요.

그리고 흑인들은 이 모든 사태의 원인이 흑인들에게 선거권이 보장되지 않았기 때문이라고 판단해서 전국적인 흑인 참정권 운동을 일으켜요. 그중 대표적인 것이 1965년 3월 7일의 '피의 일요일' 사건인데, 이날 수백 명의 인권 운동가들이 흑인 참정권을 요구하며, 셀마에서 몽고메리까지 87km를 행진하고자 했어요. 행진을 주도한 짐 베벨은 비폭력을 지향했어요.

그러나 무장을 한 백인 경찰대가 몽고메리로 들어오는 시위대를 막으며, 최루가스와 곤봉으로 비무장 비폭력 시위대를 공격했어요. 말을 탄 경찰관들이 여성과 어린이를 가리지 않고 무차별 폭행을 가해 수십 명이 부상을 당해 병원에 입원하게 됐어요. 그날의 시위는 비록 피로 얼룩진 채 진압되었지만, 이 사건을 계기로 전국적인 흑인 참정권 운동이 벌어져 5개월 뒤에 린든 존슨 대통령이 '투표권 법안'에 서명하면서 흑인들은 비로소 정당한 투표권을 행사하게 되었습니다.

▶ 마틴 루서 킹 목사가 이끄는 시위대가 몽고메리로 가는 길목인 에드먼드 페투스 다리를 건너고 있다.

2

선거의
방식

뽑는 데에도 원칙은 있다?

>> 선거의 4대 원칙

만약 학생회장을 선출하는데 1학년에게는 투표권을 주지 않거나, 혹은 여학생에게는 주지 않는다면 맞는 것일까요? 그렇지 않겠지요? 그 학교의 학생인 이상 누구에게나 투표권을 주는 것이 옳은 일이겠지요. 선거의 첫 번째 원칙은 누구에게나 투표권을 주는 것입니다. 이 당연한 원칙을 '보통선거'라고 하는데 이 원칙을 확립하는데 선진국에서도 수백 년의 시간이 필요했고, 수많은 사람의 희생이 뒤따랐으며 아직도 이 원칙을 지키지 못하는 나라들도 존재합니다.

선거의 두 번째 원칙을 알아볼까요? 혹시 투표권을 모두에게 주기는 하는데, 1학년은 1표, 2학년은 2표, 3학년에게는 3표를 준다면 옳은 일일까요? 또는 성적이 저조한 학생은 1표, 성적이 우수한 학생에게는 2표를 준다면 옳은 일일까요? 그것은 표의 가치를 달리하는 것으로서 민주주의 국가에서는 안 되는 일이겠지요. 그런 논리대로라면 부자에게만 투표권을 주는 일이 생기지 말라는 법이 없겠지요? 그래서 민주 정치체제 아래서 투표권은 모두에게 공평하게 부여되어야 한다는 것이 '평등선거'의 원

논술의 힘, 어휘력

- 논리 : ① 사고나 추리 따위를 이끌어 가는 과정이나 원리. ② 사물 속에 있는 이치. 또는 사물끼리의 법칙적인 연관.

칙입니다.

　선거의 세 번째 원칙은 '직접선거'입니다. 학생회장 선거일, 내가 몸이 아프니 친한 친구가 대신 투표해 줄 수 있을까요? 아니면 내가 하기 귀찮으니 다른 사람을 대신 시킨다면 옳은 일일까요? 두 가지 모두 민주 정치의 원리에는 어긋나는 일이에요. 선거에 있어서 '나'의 의지는 누군가가 대신해 줄 수 없지요. 만일 이것을 허용한다면 '내 뜻'이 제대로 반영된다고 보장할 수도 없을 테고, 표를 사고팔거나 권력자가 협박을 통해 표를 빼앗아서 행사하는 일이 없으란 법도 없겠죠? 그래서 민주주의 국가에

서 유권자는 자신의 표는 꼭 자기 자신이 직접 행사해야 합니다.

　마지막 선거의 원칙은 '비밀선거'입니다. 만약 여러분이 학생회장 선거에서 누구에게 투표했는지 알려진다면 어떨까요? 당선자를 찍은 사람은 '내 덕에 회장이 됐으니 한턱내라'라고 할

수 있겠지만, 당선자를 찍지 않은 사람은 혹시라도 불이익을 당하지 않을지, 그냥 쳐다보는 눈길도 '째려본다'라고 오해하지 않을까요? 학생회장 선거도 그 정도인데, 하물며 막강한 권력을 가진 대통령이나 국회의원 선거에서는 어떨까요? 그래서 선거에서는 내가 누굴 찍었는지 알 수 없어야 한다는 원칙이 생겨난 것입니다. 지금까지 알아본 이 네 가지가 바로 선거의 4대 원칙입니다.

직접 뽑는 것과 간접적으로 뽑는 방식의 차이는?
>> 직선제와 간선제

학교에서 학생회장을 뽑을 때, 전교생 투표로 뽑는 것과 각반 대표들만 모여서 뽑는 것은 어떻게 다를까요? 물론 각반 대표들만 모여서 뽑는 것이 절차적으로 훨씬 간단하겠죠? 하지만 만약 대표들이 구성원들의 의사를 정확히 대변하지 못할 때는 어쩌죠?

협박이나 뇌물로 대표들을 매수해서 구성원들의 의사와는 거리가 멀거나 자질이 부족한 학생회장이 뽑히지 말라는 법도 없겠죠? 그리고 무엇보다 민주주의의 기본 원리를 생각해 본다면 구성원들이 직접 투표로 학생회장을 뽑아야 그 의미가 살아나고 구성원들의 책임 의식이나 권리 의식도 살아나겠죠? 과거 우리나라 대통령 선거의 역사가 그런 의미를 잘 보여주고 있어요.

일반적으로 독재 정치를 했다는 평가를 받는 박정희 전 대통령의 선거 과정을 살펴볼까요? 먼저 박정희는 1961년 5 · 16 군사 쿠데타를 일으켜, 1960년 4 · 19혁명으로 들어선 민주 정부를 허물고 권력을 잡게 되는데요. 민간으로 정권을 넘기겠다는 약속을 어기고 직접 대통령 선거에 나서서 당선됩니다. 그때까지만 해도 국민이 대통령을 직접 선출하는 직선제를 따랐지만, 헌법의 대통령 임기 규정을 늘려가면서 두 번, 세 번을 거듭하고 무리한 출마를 강행하여 국민들의 지지가 떨어지게 되자 세 번째 임기 중에 헌법을 바꿔버립니다.

대통령 직선제를 간접 선거로 바꾸고 대통령의 임기 규정을 아예 바꿔서 종신직도 가능하게 했습니다. 이것을 '유신헌법'이라고 하는데요, 그럼 대통령 직선제일 때와 간선제일 때의 득표율 변화는 어땠을까요? 직선제일 때는 절반 정도에 머무르던 득표율이 2,500명 정도의 선거인단에 의한 간접 선거일 때는 만장일치

연도	선거 종류	득표수(득표율)
1963	제5대 대통령 선거	4,702,640 (46.64%)
1967	제6대 대통령 선거	5,688,666 (51.44%)
1971	제7대 대통령 선거	6,342,828 (53.19%)
1972	제8대 대통령 선거	2,357 (99.92%)
1978	제9대 대통령 선거	2,577 (99.85%)

▲ 직선제와 간선제의 득표율 차이

에 가까운 99.9%에 이르게 됩니다. 앞에서 언급한 것처럼 유권자의 숫자를 줄일수록 선거에 대한 통제가 가능하고 이것은 민주주의라는 대원칙에 어긋나는 결과를 가져올 수 있다는 것이죠.

물론 전체 구성원의 직접 투표만이 항상 옳은 결과를 가져오는 것은 아닙니다. 히틀러의 독재를 가능하게 만든 나치 독일의 '수권법'이나 박정희의 '유신헌법'도 국민 투표를 통과했으니까요. 하지만 이것은 직접 투표 자체의 문제라기보다는 당시의 사회 환경이나 구성원의 정치의식, 그리고 무엇보다 국민의 눈과 귀를 막은 언론 환경이 문제였다고 봐야겠지요? 그 당시 독재 정권은 '반대'를 용납하지 않았으니까요.

직접 투표해서 뽑는 것만으로 부족할 때는?

>> 비례대표제

만약 다문화 가정의 학생이 학생회장 선거에 나온다면 당선될 확률이 높을까요? 경우에 따라 다르겠지만 아직 우리 사회에서 다문화 가정 학생은 사회적 소수임에 분명하고 이들이 학생회장은 고사하고 학급회장에 당선되기도 쉽지 않을 겁니다. 장애 학

논술의 힘, 어휘력

● 유권자 : 권리를 가진 사람이라는 뜻으로, 선거권을 가진 사람. 선거인

생은 어떨까요? 장애 학생도 당선되기는 쉽지 않을 겁니다. 그럼 이들의 권리는 누가 보장해 줄 수 있을까요? 다문화 가정 출신이나 장애인이 아니더라도 사회적 소수자를 이해하고 권리를 보장하겠다고 주장할 수 있지만, 그런 일을 겪고 있는 사람들의 실질적인 아픔을 이해해 주고 보듬어주기에는 부족함이 있지 않을까요?

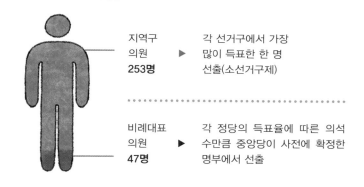

국회의원 정원 300명

지역구 의원 **253명** ▶ 각 선거구에서 가장 많이 득표한 한 명 선출(소선거구제)

비례대표 의원 **47명** ▶ 각 정당의 득표율에 따른 의석 수만큼 중앙당이 사전에 확정한 명부에서 선출

▲ 현행 선거법에 따른 국회의원 선출 방식

　우리나라 국회의원 선거에서도 비슷한 의미로 뽑히는 분들이 있습니다. 바로 '비례대표'라고 불리는 분들인데요, 우리나라 전체 국회의원 300명 중 47명을 차지하고 있습니다. 나머지 253명은 지역 선거구에서 선출되어서 '지역구' 국회의원으로 불리는데 비례대표 의원들은 선출 과정 자체가 좀 다릅니다.

비례대표를 뽑는 중요한 이유 중 하나는 다양한 소수의 의견도 존중되어야 한다는 의미에서 출발하는데요, 특히 우리나라와 같이 지역구에서 최다 득표자 1인만 선출되는 '단순 다수 대표제'를 가진 나라에서 많이 보이는 제도입니다. 예를 들어 어느 선거구의 선거 결과가 아래와 같이 나왔다면 당선된 '갑' 정당 후보의 득표율 40%를 제외한 나머지 60%의 지지율은 무의미하게 됩니다. 비례대표 제도는 이처럼

정당	득표율(%)	당선 여부
갑	40	당선
을	30	
병	20	
정	10	

버려지는 표, 즉 사표(死票)에 담긴 유권자의 뜻도 존중하자는 의미가 담겨있습니다. 그러니까 후보자에게만 투표하는 것이 아니라, 각 정당에도 표를 던지게 한 후, 정당의 지지율에 따라 미리 정해둔 비례대표 의석을 나누는 것이죠.

우리나라는 비례대표 의석 47석을 각 정당의 득표율대로 나누는데, 단순히 득표율로만 나누느냐, 전체 의석과 연결(연동) 하느냐에 따라 여러 방식이 있습니다. 이처럼 '비례대표'라는 제도는 사회적 소수자 즉, 노동자, 장애인, 여성, 전문직 종사자 등의 의견이 국회 법률 제정 과정에서 반영될 수 있도록 하고 있습니다.

대표를 뽑는 지역 기준은 어떻게 나눌까?
>> 선거구

반장은 한 반을 대표하는 사람으로 당연히 반에서 뽑고, 학생 회장은 학교 전체에서 한 명을 뽑지요. 이처럼 대표를 뽑는 단위를 '선거구'라고 합니다. 그런데 반마다 인원이 크게 다르다면 어떻게 될까요? 예를 들어 어떤 반은 50명 중에서 반장 한 명을 뽑고, 다른 반은 25명 중에서 한 명을 뽑는다면, 이렇게 뽑힌 반장들은 동일한 대표성을 띠게 될까요? 어쩌면 50명 중에서 뽑힌 반장은 25명 중에서 뽑힌 반장을 반쪽짜리라고 무시할지도 모릅니다.

이런 문제를 막기 위해 우리나라 선거제도에서는 대표를 뽑는 단위를 최대한 공정하게 나누기 위해 선거구를 법으로 정합니다. 이것을 '선거구 법정주의'라고 합니다. 각 반의 반장을 뽑는 것이라면, 각 반의 인원을 비슷하게 맞추기만 하면 간단히 해결되겠지요. 그러나 한 나라 안에서 선거구를 정하는 것은 훨씬 복잡합니다. 선거구를 정하는 기준에는 무엇이 있을까요?

먼저, 21대 국회 기준으로 우리나라의 국회의원 수는 300명입니다. 이 중에서 각 지역에서 당선되는 국회의원의 수는 253명이니까, 선거구 수는 253개입니다. 선거권이 있는 사람(유권자)의 수는 2020년 21대 국회의원 선거 기준으로 약 4천4백만 명이었습니다. 이를 선거구 수 253으로 나누면, 한 선거구당 17만 4천 명 정도가 됩니다. 그런데 사람들이 전체 국토에 골고루 사는 것이 아니어서 바둑판에 줄을 긋듯 똑같은 면적으로 선거구를 나눌 수 없어요. 도시에는 인구가 밀집해 있고 농어촌에는 인구가 적기 때문에, 인구만으로 선거구를 나누기에는 어려움이 있습니다.

그래서 인구 이외에 또 다른 기준으로 선거구를 정하는데, 바로 행정구역과 교통 등입니다. 행정구역 기준이란 같은 시, 군, 구를 기준으로 국회의원 선거를 치러야 한다는 것입니다. 이는 다른 반과 섞어서 반장을 뽑을 수는 없는 것과 마찬가지입니다. 또 같은 행정구역일지라도 교통 문제를 고려해야겠지요? 예를 들어 같은 강원도라고 대관령 서쪽인 평창과 대관령 동쪽의 강릉을 하나의 선거구로 묶을 수는 없겠죠. 또 생활권이라든가 역사적·전통적 일체감 등도 고려해야 할 요소입니다. 이처럼 선거구를 정하는 데에는 복잡한 문제들이 많습니다. 그래서 아무리 공정하게 선거구를 정하려고 해도 완벽하기는 힘듭니다.

그래도 최대한 선거구를 비슷하게 맞추려는 이유는 선거구별 인구수가 크게 차이 나면 한 표의 가치가 서로 달라지는 문제(표의 등가성 문제)가 발생할 수 있기 때문입니다. 우리나라에서도 지역별 인구 차이를 고려하여 가장 인구가 적은 선거구와 가장 인구가 많은 선거구의 편차를 최대 2배까지만 허용하고 있습니

논술의 힘, 어휘력

- 생활권 : ① 통학이나 통근, 쇼핑·오락 따위의 일상 생활의 활동 범위. ② 생물권.
- 편차 : 수치·위치·방향 등이 일정한 기준에서 벗어난 정도나 크기.

다. 참고로, 2020년에 치러진 21대 총선에서 가장 작은 선거구는 전남 여수시 갑 선거구로 인구는 13만 9천 명이었고, 가장 큰 선거구는 경기 고양시 정 선거구로 인구는 27만 8천 명이었습니다.

게리맨더링이란 무엇일까?
>> 선거구 획정

어느 나라에 정당이 주황색 당과 보라색 당 2개뿐이고, 15개의 지역을 5개씩 묶어 3개 선거구로 구성하고, 선거구당 1명의 최다 득표자만이 당선된다고 가정해 봅시다.

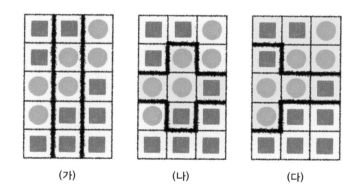

(가)　　　　(나)　　　　(다)

(가)와 같이 선거구를 나누는 경우, 주황색 당은 모든 선거구에서 2등을 차지하여 단 한 석도 얻지 못합니다. 반면 (나)의 경

우에는 1개 선거구에서 1등을 차지하여 의석이 하나가 되고, (다)의 경우에는 2명의 의석을 차지하여 다수당이 될 수 있습니다. 이처럼 선거구를 어떻게 나누느냐에 따라 어떤 당에는 유리할 수도 어떤 당에는 불리하게 될 수도 있습니다.

이를 잘 활용한 정치인이 19세기 초 미국의 매사추세츠 주지사* '엘브리지 게리' 였습니다. 게리는 자신이 소속된 민주공화당이 다수의 의석을 차지하게 하려고 선거구를 원칙 없이 여기저기 덧붙여서 만들었습니다. 그런데 이렇게 나누어진 선거구들의 모

▲ 게리맨더링

습이 마치 전설상의 괴물 샐러맨더(Salamander)와 비슷하다고 하여 앞에 '게리'를 합성해 '게리맨더링' 이라는 용어가 탄생한 것입니다.

　이러한 원칙에 어긋난 선거구 획정은 19세기 미국만의 문제는 아닙니다. 현대의 미국에서도 이런 일은 사라지지 않고 있으며, 우리나라에서도 일어나고 있습니다. 21대 국회의원 선거에서 화성시 봉담읍을 각기 다른 선거구로 나누어 붙이거나, 강원도 춘천시와 전라남도 순천시도 일부를 떼어 각기 다른 지방 자치 단체에 각각 나누어 붙인 것들은 선거구를 행정구역 기준으로 나눈다는 대원칙을 어긴 것으로 한국판 게리맨더링 사례로 지적받고 있습니다.

선거구마다 1명만 뽑을까, 2명 이상을 뽑을까?
>> 소선거구, 중·대선거구

　만약 정원이 30명인 학급에 반장 후보가 6명 나왔다고 해 봐요. 이들이 표를 골고루 나누어 가진다면 5표씩 얻을 테고, 심한 경우 6표만 얻어도 반장에 당선됩니다. 그렇다면 고작 6표를 얻

논술의 힘, 어휘력
- 주지사 : 미국 등 일부 국가에서, 주(州)의 행정 사무를 총괄하는 자치 단체장.

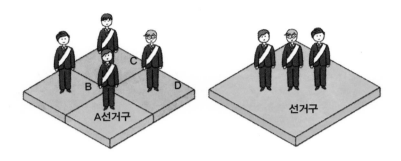

	소선거구제	중·대선거구제
단위선거구	1개의 지역구	여러개의 지역구를 1개의 선거구로 통합
선출인원	1인	2인 이상
선출방식	승자독식 구조	다득표순

은 사람을 과연 그 반의 반장으로 인정해야 할까요? 현실 정치에
서도 이런 일이 생길 수 있습니다.

우리나라 국회의원 선거는 가장 많은 표를 얻어 다수의 대표가
되는 단순 다수 대표제로 치러집니다. 이것을 '소선거구제'라고
합니다. 선거구를 작게 만들어서 선거구마다 한 명씩 선출한다는
뜻이지요. 반면 선거구를 크게 만들어 선거구마다 2~4명을 뽑는
제도는 '중·대선거구제'라고 하고, 이렇게 하면 2위나 3위도 당
선될 수 있겠지요? 우리나라도 지방 자치구·시·군의회 의원 선거
에서는 이 제도를 도입하고 있습니다. 왜 이렇게 다양한 방식이
있을까요? 그것은 각 제도의 장단점을 보면 알게 될 겁니다.

우선 소선거구제는 대표를 한 명만 뽑기 때문에 유명인이나 유력한 정당의 후보가 당선될 확률이 높습니다. 의회 의석의 과반수를 차지하는 정당 또한 나오기 쉬우며, 그에 따라 법률안이 손쉽게 통과될 가능성도 더 커집니다. 그렇게 되면 정치는 겉으로 보기에는 안정적이고 예측 가능해지겠지요. 또 선거구가 좁다 보니 유권자들이 후보를 좀 더 잘 알고, 선거 비용도 적게 듭니다.

반면에 거대 정당이 다수를 차지하기 쉬운 만큼 정치적으로 소외되는 사람들이 생길 가능성도 크고, 이로 인해 사회적인 갈등이 나타납니다. 또 낙선자를 선택했던 표들이 사표가 되어 버려지는 것도 큰 단점입니다. 사회에는 수많은 개인과 집단이 존재하는데 이들의 의견과 이익이 존중되지 않는 것은 불합리한 일이죠.

중·대선거구제의 장단점은 소선거구제의 반대겠지요. 다양한 집단이나 정당들이 의회에 진입하기가 상대적으로 쉽습니다. 그리고 사표가 적어져 국민의 의사가 더 잘 반영된다는 것이 장점입니다. 반면 선거구가 커지면서 관리 비용이 많이 들고, 의회에 진입하는 정당이 늘어나면서 정치적 결정 과정이 길어지는 것도 문제라고 지적받습니다. 아무래도 각기 다른 주장을 하는 여러 정당이 합의를 이뤄야 하니 시간이 걸리겠지요. 그렇지만 시간이 걸리더라도 의견이 다른 이들이 충분한 토론 등을 통해 절충하거나 뜻을 모아야 민주주의라고 할 수 있겠죠.

논술의 힘, 어휘력
- 사표 : 선거 때, 낙선한 후보자에게 던져진 표.

이제까지 살펴본 장단점은 이론적으로 그럴 가능성이 높다는 것입니다. 어떤 제도를 도입하건 장단점이 있게 마련이므로, 나라마다 놓여 있는 정치적 상황과 문화적 환경에 따라 각기 알맞은 제도를 선택해 운영해야 되겠죠. 우리나라는 지금 국회의원 선거에서 지역 간의 극심한 대립 구도를 완화하기 위해 중·대선거구제를 도입하자는 논의가 있습니다. 선거 때만 되면 어느 지역에서는 ○○당이 표 대부분을 얻어 그 지역은 ○○당의 국회의원뿐이고, 다른 지역에서는 △△당이 대부분을 차지하는 게 우리나라 정치의 현실이잖아요. 결코 바람직하다고 할 수 없겠죠?

그래서 한 지역구에서 2명 이상을 뽑는 중·대선거구제를 도입하면 지역에서 1등 정당이 아닌 당에서도 국회의원이 나올 수 있으니 지역주의를 완화할 수 있을 거라는 얘기죠. 여러분은 절대 지연이나 혈연·학연 따위를 기준으로 삼지 말고, 누가 올바른 정치를 펼치고 우리 의견을 잘 대변할지를 기준으로 대표를 뽑아야겠지요?

논술의 힘, 어휘력

- 이론 : ① 사물의 이치나 지식 따위를 해명하기 위하여 논리적으로 정연하게 일반화한 명제의 체계.
  ② 실증성이 희박한, 순 관념적으로 세워진 논리.

돈이 없어도 선거에 나설 수 있어야 한다!

>> 선거공영제

여러분 학교에서는 학생회장 선거 때 선거 벽보(포스터)에 관한 규정이 따로 있나요? 이를테면 크기나 재질 등등…. 선생님 학교에서는 그런 규정이 없으니 이런 경우가 있었어요. 대부분 후보는 자신들이 직접 글씨도 쓰고 그림도 붙였지만 어떤 후보는 인쇄소에 벽보를 맡겨서 고급스러운 재질에 코팅까지 했어요. 이런 선거는 공정하다고 할 수 있을까요? 부모님 재력에 따라서 선거 운동조차도 차이가 난다면 결코 공정한 선거라고 할 수는 없겠죠.

어른들의 선거는 어떨까요? 길을 가다가 후보자들의 얼굴이 담긴 벽보를 본 적이 있지요? 내용만 다를 뿐이지 모두 똑같은 크기로 똑같은 곳에 붙어 있죠. 이처럼 선거에는 돈이 많건 적건, 권력이 있건 없건 조금이라도 한쪽에 치우치거나 부정이 개입되면 안 됩니다.

그래서 공정한 선거 관리가 필요한데, 이런 일을 하는 기관이 바로 중앙 선거 관리 위원회(선관위)입니다. 선관위는 국가 기관으로, 국회, 정부, 법원, 헌법재판소와 지위가 같은 독립된 기관입니다. 선관위에서는 공정한 선거 관리를 위한 업무를 담당하며, 깨끗한 선거를 위한 캠페인이나 투표 참여 독려 운동 같은 일도 합니다. 그리고 후보자들이 선거에 나설 때 맡긴 돈(기탁금)을 관리하는 것은 물론 후보자들이 선거에 사용한 비용을 되돌려 주는 일도 하는데, 여기에는 현수막* 설치 비용, 방송 연설 비용, 신문 광고 비용 등이 다 포함됩니다.

그런데 왜 선거에 들어간 비용을 전부 국가에서 대주는 걸까요? 만일 그렇게 하지 않는다면 앞에서 말한 대로 부자는 선거에서 많은 비용을 들여서 당선될 확률이 높아질 테고 가난한 사람은 선거에 나설 엄두도 못 낼 겁니다. 그러면 부자들의 이익은 보장되고 가난한 사람들의 이익은 무시당하는 정치가 되겠죠. 이렇게 국가가 선거 비용을 대지만, 마음대로 마구 써도 되는 것은 아닙니다. 선거마다 쓸 수 있는 비용이 정해져 있습니다. 국민의 세

논술의 힘, 어휘력

- 현수막 : ① 극장 따위에 드리운 막. ② 선전문 등을 적어 드리운 막.

금을 낭비해서는 곤란하니까요. 이렇게 선거를 독립적인 기관이 공정하게 관리하는 제도를 선거 공영제라고 합니다.

아무나 선거에 나설 수 없다고요?
>> 선거 기탁금 제도

여러분이 학생회장 선거에 나가려는데 학교에서 돈을 내라고 한다면 어처구니없다고 하겠죠? 부잣집 자녀들만 학생회장이 될 수 있는 것이냐며 항의도 하고 말도 안 되는 소리라고 할 겁니다. 그런데 우리나라에서는 국회의원 선거나 대통령 선거에 나가려면 돈을 내야 합니다. 그것도 꽤 많이요. 대통령 선거는 3억 원, 국회의원 지역구 선거는 1천5백만 원을 선관위에 맡겨야 합니다.

민주주의 국가에서 국민의 권리인 피선거권, 즉 대표로 뽑힐 권리를 행사하는데 왜 돈을 내야 할까요? 이는 '선거 공영제'의 취지에도 어긋나는 것이 아닐까요? 그 이유는 후보자가 마구잡이로 나서서 선거가 어지러워지는 것을 막기 위해서입니다. 만약, 누구나 공짜로 나설 수 있다면 단순히 자기의 얼굴을 알리거나 장난삼아 선거에 나서는 사람들도 있을 수 있겠죠?

그러면 그 돈은 그냥 국가가 가지느냐? 그건 아닙니다. 투표자

논술의 힘, 어휘력

● 피선거권 : 선거에 출마해 당선될 수 있는 권리.

수의 15% 이상을 득표하면 전액을 돌려주고, 10% 이상만 득표해도 절반은 돌려줍니다. 그럼 10% 미만은? 국가가 사용합니다. 이것을 "국고에 귀속된다."라고 합니다.

한편 서울특별시나 경기도 등 광역자치단체장 선거에 나서려면 5천만 원, 시장이나 군수 등 기초자치단체장 선거에 나서려면 1천만 원을 내야 합니다. 이런 기탁금 제도를 둘러싸고 너무 많은 돈을 내게 하고, 돌려주는 조건이 너무 높은 득표율을 요구하는 것은 시민의 기본권인 '참정권'을 침해한다는 지적도 많았습니다. 하지만 헌법재판소는 "기탁금 제도는 입후보자의 난립을 방지하고 후보자의 성실성을 담보하기 위한 목적과 한국의 정치문화와 선거풍토에 있어서 현실적인 필요성 등을 감안할 때, 필요불가결한 제도이다."라고 필요성을 인정하였습니다. 그리고 반환 기준에 대해서도 "기탁금 반환의 기준(=득표율 기준)이 너무 높아 이를 충족시키기 어렵다면, 이는 결국 피선거권 행사의 위축이라는 효과를 가져오게 되므로, 진지하게 입후보를 고려하는 예정자가 입후보를 포기할 정도로 높아서는 안 될 것이다"라고 하여 지나치게 높은 반환 기준을 경계하였습니다.

논술의 힘, 어휘력

- 국고 : 나라의 수입 · 지출을 관리하는 기관. 중앙 금고.
- 헌법재판소 : 법률의 위헌 여부 · 탄핵 · 정당의 해산 등에 대하여 심판하는 기관(9명의 재판관으로 구성됨).

투표하는 날 하지 못할 상황이라면?

>> 사전투표

만약 학생회장 투표일에 현장 체험학습을 가야 한다면 어떻게 해야 할까요? 선거에 꼭 참여하고 싶다면 미리 투표하거나, 가능하다면 현장 체험학습지에서 투표를 할 수 있으면 좋지 않을까요? 요즘 학생회장 선거에서는 인터넷을 통한 전자 투표가 가능하지만, 국가적 차원의 공직* 선거에서는 비밀투표가 이루어지지 않을 위험과 누군가 대신해서 투표를 할 수 있는 위험 때문에 아직 전자 투표제는 도입되지 않았어요. 그래서 공직 선거일에 투표할 수 없는 사람들을 위해 정식 투표일 이전에 미리 투표할 수 있게 만들어 놓은 것이 '사전투표' 제도입니다.

우리나라에서 사전투표제가 처음 시작된 것은 2014년 6월 4일 실시된 제6회 전국동시지방선거였습니다. 사전투표제의 가장 큰 특징은 사전에 아무런 신고도 필요 없다는 점, 투표소에 갈 때 신분증만 있으면 전국 어디에서나 읍·면 동에 설치된 사전투표소에서 투표할 수 있다는 점입니다. 이러한 사전투표는 투표구별로 작성되는 선거인 명부를 관리 운영하는 통합 선거인 명부 시스템, 현장에서 투표용지를 발급하는 투표용지 발급기, 그리고 전국의 모든 사전투표소와 연결하는 국가 전용 정보통신망이 있

논술의 힘, 어휘력

- 공직 : 국가 기관이나 공공 단체의 일을 맡아보는 직책이나 직무.

기에 가능했습니다.

　사전투표 제도는 국민의 참정권 행사를 실질적으로 보장하였다는 점에 큰 의미를 부여할 수 있습니다. 헌법에 규정된 추상적 권리가 구체적이고 실질적인 권리가 되어 법전 밖으로 걸어 나온 셈입니다. 도입 초기에는 총 투표율의 20% 정도를 차지했으나, 점점 사전투표제에 대한 국민들의 인지도가 높아지면서 2017년 제19대 대통령 선거와 2018년 제7회 전국동시지방선거에서는 사전투표율이 총 투표율의 1/3 정도를 차지하였습니다. 그리고 2022년 제20대 대통령 선거에서는 사전투표율이 총 투표율의 47.2%를 차지할 정도로 높아져, 이제 사전투표 제도는 완전히 정착 단계에 이른 것으로 보입니다.

논술의 힘, 어휘력

- 인지도 : 어떤 대상을 알아보는 정도.

한편 사전투표가 전체 투표율에 끼치는 영향에 대해서는 해석이 약간 엇갈리는 편입니다. 일단 사전투표 자체가 전체 투표율 상승에 도움이 된다는 해석이 많습니다. 선거 절차가 간편해서 선거 당일에 투표하지 못하는 유권자들이 더 투표에 참여할 수 있다는 해석이지요. 하지만 투표율에 도움이 되는 것 자체는 사실이지만, 한편으로는 도움의 정도가 제한적이라는 해석도 있습니다. 사전투표일이 있어서 투표율이 분산될 뿐이지 총 투표율 자체를 크게 끌어올리지는 못한다는 이유 때문이지요. 어쨌거나 사전투표가 시민들의 참정권 행사에 큰 도움을 준 것은 사실이겠지요?

한 사람이 2표 이상을 가지는 게 더 합리적일까?

» 연기명, 결선 투표제

전체 인원이 30명인 어떤 반에서 학급회장을 뽑는데 6명의 후보가 나왔다고 하고 그들이 똑같이 표를 나눠 가진다면 5표씩을 갖게 되겠죠? 그렇다면 최악의 경우, 어떤 후보가 6표를 얻고도 학급회장에 당선될 수 있습니다. 그럼 과연 30명 중 6명의 지지만을 받은 사람을 대표로 인정해야 하는 걸까요? 물론 대통령 선거나 국회의원 선거 등 커다란 집단의 선거에서는 이런 경우가 드물지만, 소규모 집단의 선거에서는 이런 일이 없으란 법도 없겠죠? 그럴 때를 대비한 투표 방법이 '연기명'입니다.

앞에서 예로 든 학급에서 학생들이 후보 중에서 두 명에게 투표하게 만드는 겁니다. 그럼 전체 투표수는 60표가 될 테고, 이것을 후보자 수인 5로 나누면 12표가 되겠죠. 이렇게 되면 최소 득표로 당선되는 사람도 13표 이상은 얻어야 하고 과반에는 미치지 못하지만, 절반에 가까운 지지는 받아야 학급회장이 될 수 있는 것이죠. 만약 한 사람당 찍을 수 있는 표의 수를 3표로 늘린다면 당선되는 학생이 받게 되는 표 수도 늘어나서 대표성은 더 강화되겠죠. 어때요? 괜찮은 방법 아닌가요?

좋아하는 사람 1표,
존경하는 사람 1표,
날 웃기는 사람 1표!

실제로 선생님이 근무하는 학교에서는 선생님들의 대표를 뽑을 때 뽑아야 하는 숫자만큼 표를 행사하게 해서 일 인당 최대 12표도 찍어본 적이 있답니다. 비록 다소 복잡해 보일지라도 뽑히는 사람의 대표성을 높이는 데에는 이만한 방법이 없지 않을까요? 우리는 일반적으로 투표한다고 하면 1인 1표를 떠올리기 쉽지만 여러 사람의 뜻을 대신할 대표를 선출하는 것이 선거의 기본 의미라고 생각한다면 연기명도 좋은 방법 중 하나랍니다.

한편, 선거에서 후보자가 여럿 나올 때 당선자의 대표성을 높이는 방법으로 '결선 투표제'가 있습니다. 말 그대로 선거에서 결승전을 치르는 거지요. 예를 들어 어떤 선거에 후보자가 4명일 경우 최소 26%의 지지로도 당선자가 나올 수 있지요. 그럴 때 1위 득표자와 2위 득표자만 따로 다시 한번 선거를 치르는 겁니다. 그러면 둘 중 한 사람은 과반 득표자가 나오게 되겠지요. 최소한 과반은 지지 받게 만듦으로써 당선자의 대표성을 높이는 제도가 바로 결선 투표제입니다. 하지만 이 제도는 선거 절차가 복잡해지고 이에 따른 비용도 증가한다는 문제점이 있습니다.

우리나라처럼 대통령 선거 당선자의 득표율이 40%대, 혹은 30%대에 머무는 나라에서는 이 제도의 도입을 고민해 봐야 하지 않을까 하는 목소리들이 많이 있습니다.

1. 내가 선거권이 없는 여성이라면 선거권 획득을 위해 어떤 노력을 할지 논술하시오.

2. 근대의 선거가 바뀌게 되는 시민혁명에 대해 논술하시오.

3. 선거의 4대 원칙에 대해 그 사례를 들어 논술하시오.

4. 비례대표 의석을 늘릴 경우 장점이 무엇인지 논술하시오.

5. 중·대선거구제와 소선거구의 장점을 논술하시오.

6. 선거공영제가 왜 필요한지 논술하시오.

7. 연기명은 더 합리적일까? 예/아니오를 선택한 후 논술하시오.

8. 직선제와 간선제의 공통점과 차이점을 논술하시오.

3

선거와
전략

우리 지역 출신이면 무조건 뽑아야 할까?

>> 지역주의 투표 행태

아래 지도는 우리나라 제6대, 제16대, 제20대 대통령 선거에서 각 정당의 지역별 득표를 정당의 대표색으로 표시한 것입니다. 물론 중간에 각 정당의 명칭이나 후보들도 바뀌고, 약간의 득표율 변동도 있었지만, 신기하게 비슷한 것은 시대가 바뀌어도 각 지역별로 지지하는 정당과 후보가 거의 일치한다는 것입니다.

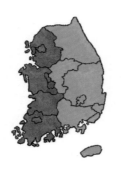  

제6대 대통령 선거　　　제16대 대통령 선거　　　제20대 대통령 선거

이것을 보통 '지역주의 투표 행태'라고 하는데, 특정 지역의 이익을 도모하거나, 특정 지역의 독자성을 중시하는 정치 형태라고 볼 수 있습니다. 우리나라 정치에서 지역주의가 본격화된 시점이 언제인지에 대한 논의는 다양하지만, 대체로 70년대 초의 군부독재 기간이나 민주화 시대 3당 합당 이후인 90년대를 꼽기도 하고, 이미 50년대부터 한국 정치의 지역주의가 시작되었다고

보는 입장도 있습니다.

한국전쟁(1950년) 이후 미국의 원조에 의존하던 경제개발에서 호남 지방이 소외되면서 지역주의가 싹트게 되었다는 입장이 그것입니다. 실제로 1950년대 원조 자금 가운데 73.7%가 서울에, 12.3%가 부산에, 7.2%가 대구 소재 기업에 돌아갔고, 호남은 0.4%를 받는 데 그쳤으며, 이것은 호남을 기반으로 한 한민당(한국민주당)과 그 후신인 민주당에 대한 이승만 정부의 견제 때문이었다는 것이죠.

1960년대, 영남 지방이 권력의 토대였던 박정희 정부 때도 도로·철도·항만 건설 등의 산업화가 부진하였고, 일자리가 부족한 호남 사람들은 서울·경기도·부산 등으로 대규모 이주를 하게 됩니다. 그런데 이들은 고용과 정착 과정에서 그곳 지역민들과 경쟁하면서 부정적인 평가의 대상이 되었고, 이것이 지역 갈등의 토대가 되었다는 것입니다.

하지만 실제로는 1971년 대통령 선거에서 영남이 고향이던 박정희와 호남이 고향이던 김대중 사이에 지역주의 투표가 심각하지 않았고, 오히려 1987년 선거에서 군부 출신의 노태우를 당선시키기 위해 군부 정권과 일부 언론이 지역주의를 부추겼다는 견해도 있습니다. 김영삼(영남), 김대중(호남), 김종필(충청)로 나누어 지역감정을 부추기고, 이를 통해 어부지리로 노태우가 당선

논술의 힘, 어휘력 ─────────

● 지역감정 : 일정한 지역의 주민이나 그 지역 출신자에 대한 좋지 않은 생각이나 편견.

되도록 만들었다는 것이지요.

실제 이때 선거에서는 지역주의 투표 행태가 가장 심각하게 나타났습니다. 지역주의는 상대 지역과 지역민에 대한 혐오와 증오에 기반하므로 국가를 분열시키고 결국에는 망하는 길로 향하는 나쁜 정치 행태라고 하겠습니다.

다행히 최근의 투표에서는 지역주의보다는 이념과 세대에 따른 투표가 이루어지고 있다는 분석이 많습니다. 물론 이것도 극단적으로 치우치면 좋지 않은 결과를 가져오므로 투표에 임할 때는 나와 내 지역의 이익만이 아닌 공공의 이익과 능력 있는 후보를 고르는 지혜로운 선택을 해야겠습니다.

선거에서 내 장점을 내세우는 게 나을까, 상대의 단점을 지적하는 게 나을까?

>> 포지티브 선거 전략과 네거티브 선거 전략

내가 학생회장 선거에 나선다면 나의 장점을 홍보하는 게 표를 얻는 데 도움이 될까요, 아니면 상대의 단점을 지적하는 게 더 도움이 될까요? 일반적으로 학교처럼 선거의 규모가 작고 서로 잘

논술의 힘, 어휘력 ———————

- 이념 : ① 이성에서 얻은 모든 경험을 통제하는 최고의 개념. 이데아. ② 한 사회나 개인이 이상으로 여기는 생각이나 견해.

아는 사이에서는 상대를 비난하는 게 오히려 자신에게 마이너스로 작용하겠지만, 선거의 규모가 커지고 상대를 비난함으로써 나와 소속 집단이 집결할 수 있는 사회적·문화적 환경이라면 그런 것이 도움이 될 수도 있습니다.

예를 들어 앞에서 설명했던 '지역주의'도 지역감정을 자극해서 표를 얻는 선거 운동의 일종이겠죠? 이와 같이 상대의 단점을 공격해서 표를 얻는 선거운동 방식을 '네거티브 전략'이라고 하고, 반대로 나의 장점을 적극적으로 알리는 선거 운동 방식을 '포지티브 전략'이라고 부릅니다. 원래 '네거티브'란 영어로 '부정적'이라는 뜻이지만, 선거에서 사용할 때는 '상대방에 대한 험담, 뒷담화 등을 통한 득표 전략'을 뜻합니다.

원래 사람들은 긍정적인 이야기보다 부정적인 이야기에 더 주의를 집중한다는 점에 주목한 것인데, 예를 들면 "어떤 연예인이 이번에 상을 받았대!"에는 "좋겠네"로 대답하지만 "어떤 연예인이 얼마 전에 이혼했대"에는 "왜? 어쩌다? 무슨 일로?"와 같이 반응한다는 것입니다. 이처럼 사람들은 보통 부정적인 소식에 더 큰 관심을 가진다는, 이 특성을 네거티브 선거 전략으로 잘 활용한 대표적인 인물로 독일의 히틀러가 꼽힙니다.

히틀러는 독일 민족을 통일시키고 본인이 권력을 얻기 위해, 유대인을 '공동의 적'으로 내세워 집중적으로 공격하는 전략을 택했습니다. 경쟁 관계에 있는 상대를 집중적으로 공격함으로써 나에 대한 지지를 확실히 하는 '네거티브 전략'을 쓴 것이죠. 그 결과 히틀러는 독일 국민의 절대적인 지지를 얻게 되었고, 이를 기반으로 제2차 세계대전과 유대인 대학살을 일으킵니다.

네거티브 선거 운동은 유권자의 알 권리를 충족시켜 후보자에 대한 판단을 돕는다는 장점도 있지만, 네거티브가 계속될 경우, 정치의 수준을 떨어뜨리고 각 후보 지지자들 사이의 감정을 격화시켜 사회를 혼란에 빠뜨릴 수도 있습니다. 네거티브 선거가 과열될 때에 유권자는 후보자의 인물 됨됨이와 정책의 실현 가능성을 평가하는 비판의식을 갖고 투표해야 하겠습니다.

이와 반대인 '포지티브'는 영어로 '긍정적'이라는 뜻이고, 선거에서 사용될 때는 '상대에 대한 비방보다는 후보 자신의 장점을 부각시키는 것'을 뜻합니다. 내가 경쟁 후보보다 나은 점이 무엇인지, 나를 당선시켜 준다면 무엇을 어떻게 좋게 만들 것인지, 미래에 대한 비전을 제시하는 선거 운동 전략을 뜻하는 것입니다. 원칙적으로 이러한 선거 운동 자세가 가장 바람직하다고 할 수 있으나, 항상 자극적이고 주목받는 주제의 선택, 즉 네거티브 선거 운동 방식의 유혹을 뿌리칠 수 없고, 또 유권자의 판단에 영향을 미칠 중요한 부분에서 상대 후보의 단점이 있다면 알리는 것이 당연하기도 하겠지요.

따라서 선거 과정에서 후보들은 서로를 존중하고 정치의 수준을 높이는 선거 운동 방식을 택해야 하겠으며, 유권자들도 단순한 관심이나 흥미 위주로 후보자를 선택하지 않도록 더 세심한 주의를 기울일 필요가 있겠습니다.

선거는 누구의 이익을 생각해야 할까?
>> 계급 투표와 계급 배반 투표

학교에서 학생 휴게실을 새로 만드는데, 공간이 부족해서 교무실 넓이를 줄여야 한다고 칩시다. 이 문제를 학교 구성원들의 투표에 부친다면 여러분은 어떤 선택을 하시겠습니까? 학생이라면 '학생의 이익'이라는 관점에서 학생 휴게실을 넓히는 방안에 찬성하지 않을까요? 이와 같이 유권자들이 자신과 그의 가족, 그가 속한 집단에게 이익을 안겨 주겠다고 하는 사람이나 정치 집단에 투표하여 권력을 주는 것을 '계급 투표'라고 하고 일반적으로는 이것이 합리적 선택이라고 봅니다. 하지만 다른 선택을 하는 경우도 있습니다. 예를 들어 노동자들이 기업인들의 이익을 위한 정당에 투표한다거나, 가난한 사람들이 부자들의 세금을 깎아 주겠다는 정당에 투표하는 경우도 종종 있는데, 이런 것을 '계급 배반 투표'라고 합니다. 계급 배반 투표가 일어나는 이유로는 첫째, 정보가 부족하거나 정치적으로 무관심한 경우를 들 수 있습니다. 유권자가 각 정당 또는 후보가 내세우는 공약과 정책에 대해 잘 모를 경우, 정책이 자신에게 유리할지 불리할지 모르는 상태로 표를 줄 가능성이 커집니다. 이러한 문제를 최소화하기 위해 토론회나 선거 홍보물 등을 마련하지만, 정치에 무관심한 사회 분위기가 커지면 이런 수단도 효과를 발휘하지 못합니다. 두 번째 이유로는 혼합된 정치 성향을 들 수 있습니다. 대기업을 싫어하더라도 국가 경제의 발전을 위해서 대기업의 세금은 깎아줘

난 내게 새 옷 사주는 당을 찍었지!

난 일자리 늘려준다는 당을 찍어야겠다!

야 한다고 생각할 수도 있고, 중국을 싫어하지만, 국익을 위해 외교 관계만큼은 미국과 대등한 정도로 이어나가야 한다고 생각할 수 있는 것입니다. 세 번째로 유권자는 각 후보나 정당의 정책에 대한 구체적인 정보가 없는 상태에서는 상대적으로 더 많이 알려진 인물, 그리고 더 큰 정당을 지지하는 성향을 보이게 된다는 점입니다. 내가 평소에 알고 있고 많이 들어본 인물이나 정당에 무조건 투표하거나 혹은 지역주의에 기반한 인물이나 정당을 무조건 지지하게 되는 것입니다. 마지막으로 성별, 나이, 지역 등 다양한 요인이 작용할 수 있습니다. 어떤 정당이 경제적으로는 서민층을 대변한다고 하더라도 그 당의 지지층은 서민 전체가 아닌 주로 여성 만일 수 있다는 말입니다. 최근 우리나라에서 많이 보이는 '이대남(20대 남자)', '이대녀(20대 여자)'와 같은 젠더 갈등의 경우, 성별이 경제적 '계급'을 넘어서 투표의 중요한 요인이 되는 것을 보면 '계급 투표' 논란이 그렇게 단순한 문제만은 아닌 것을 알 수 있습니다. 참고로 서울에서는 부유층이 몰려 있는 강남 지역에서 단 한 번도 진보를 내세우는 정당이 득표율에서 앞선 적이 없는 반면에 이보다 경제적으로 어려운 강북 지역에서는 보수를 표방하는 정당들도 종종 당선되는 현상을 놓고, '계급 배반 투표' 논란이 벌어지곤 했습니다. 여러분이 사는 지역은 어떤가요?

선거에도 '음모론'이 있다고요?

세계 어느 나라를 막론하고 부정 선거의 역사는 있기 마련이지요. 그런데 선거 과정에서 부정이 있었던 것처럼 거짓 소문을 퍼뜨리고, 의회 의사당을 무리 지어 공격하는 일이 2021년 미국의 수도 한복판에서 벌어졌다면 믿으시겠어요? 250여 년 동안 민주주의 선진국으로 전 세계 민주주의 파수꾼 역할을 해오던 미국에서 이런 일이 벌어질 것이라고는 아무도 예상하지 못했지요. 그 원인은 바로 제46대 미국 대통령 선거 결과와 관련되는 것이었습니다.

2020년 11월 3일 치러진 미국 대통령 선거에서 민주당 조 바이든 후보가 연임을 노리는 현직 공화당 대통령 도널드 트럼프를 누르고 차기 대통령으로 당선됩니다. 그러자 개표 전후로 트럼프와 일부 공화당원들은 부정 선거를 주장하며 선거 결과를 뒤집으려 했습니다. 미국 의회가 대선 승자를 공식 인증할 예정이었던

2021년 1월 6일에 선거를 무효화하려는 트럼프 지지자와 공화당원들은 수도인 워싱턴 D.C.로 몰려들었습니다.

트럼프는 지지자들에게 "선거를 절대 양보하지 않겠다. 의사당으로 걸어가라! 지옥처럼 싸우지 않으면 더 이상 나라를 탈환하지 못할 것이다."라고 외치며 폭력 시위를 유도합니다. 이에 시위대는 경찰 경계선을 뚫고 의사당으로 진입하였고, 몇 시간 동안 건물의 일부를 점령하고 파괴와 약탈을 감행하였으며, 이 공격으로 국회의사당에는 대피령이 내려지고 건물 폐쇄와 5명이 숨지고 수십 명이 다치는 등 초유의 일이 발생하게 됩니다.

그 뒤 미연방수사국은 이 사건과 관련해 170건이 넘는 수사를 진행하고 있으며, 폭동이 일어난 후, 하원은 트럼프를 '반란 선동'으로 탄핵하는 법안을 통과시켜, 트럼프는 미국에서 유일하게 두 차례나 탄핵 된 대통령이 되었습니다.

우리나라에서도 2020년 실시된 제21대 국회의원 선거에서 부정 선거를 주장하는 사람들이 있었습니다. 사전투표의 정당별 득표율과 본 투표에서의 정당별 득표율이 차이가 너무 큰 이유가 부정 선거의 증거라고 주장하였으나 이후 거듭된 재판과 과학적 검증을 통하여 사실무근으로 드러납니다.

선거 과정에 대한 국민들의 관심과 감시는 민주적이고 정의로운 선거를 위해 매우 중요합니다. 하지만 근거 없는 소문과 의혹으로 선거의 정당성을 훼손하는 일은 민주 사회에 매우 큰 위협으로 작용하고 있습니다. 더구나 요즘같이 인터넷과 SNS가 발달하여 정보가 홍수를 이루는 가운데, 우리는 사실을 가려내는 현명한 눈을 가져야겠습니다.

최초의 TV토론과 그 효과

1960, 70년대를 다룬 영화나 만화를 보면, 집집마다 TV가 없어서 동네에 하나뿐인 TV를 보기 위해 서로 다투는 장면이 나오곤 하는데요, 요즘은 오히려 집에서 TV를 없애는 경우도 많다지요? 개인마다 가지고 있는 스마트폰과 거기서 나오는 다양한 OTT* 프로그램의 영향으로 이제 TV와 방송국의 시대는 저물고 있다는 얘기까지 나오는 형편이죠.

하지만 처음 TV가 선거에 동원되기 시작하면서 세상에 끼쳤던 영향은 가히 '혁명적'이었어요. 대통령 선거에 최초로 TV 토론이 등장한 것은 1960년 미국의 대통령 선거 때부터였습니다. TV 토론 전까지는 공화당 대통령 후보였던 '닉슨'의 절대적인 우위가 예상됐지만, 젊고 자신감 있는 모습의 '존 F 케네디' 민주당 후보는 TV 광고와 토론회를 통해 선거 판세를 역전시킬 수 있었습니다.

당시 TV 토론회를 시청한 유권자는 약 7,000만 명이었고, 이 가운데 57%가 "TV 토론이 누구에게 투표할지 결정하는 데 영향

▲ 1960년 케네디와 닉슨의 TV 토론

을 주었다"라고 답했습니다. 결국 TV 토론회가 43세의 젊은 대통령을 만들었고, 이때부터 미국 정치사에서 이미지 정치가 본격적으로 시작되었다고 보는 사람들이 많습니다. 이후 지금까지도 TV 토론은 선거에서 결코 무시할 수 없는 위상을 차지하게 됩니다. 한편, 우리나라 대통령 선거에서 TV 토론이 최초로 실시된 것은 1997년 제15대 대통령 선거였습니다.

TV 토론은 정부가 선거에 관여한다는 관권(官權) 시비와 돈을

논술의 힘, 어휘력 ────────

● 관권 시비 : 국가 기관이나 행정 기관, 공무원 등이
   그 권력을 이용하여 선거에 개입하는 일을 뜻함.

나눠주는 금품 살포 시비를 줄여 비교적 깨끗한 선거가 이루어지는 계기가 되었습니다. 그리고 지지세 과시를 위한 대규모 군중 집회가 사라지고, 후보자의 면면을 국민 스스로 판단하는 선거풍토가 조성될 수 있었습니다. 오늘날에는 인터넷과 스마트폰의 발달로 유권자들이 후보자를 판단할 수 있는 다양한 경로가 생겼습니다. 하지만 아직까지는 선거관리위원회의 관리 아래 공정하게 진행되는 TV 토론이 유권자들에게 많은 관심을 받고, 선거에 막대한 영향을 미치고 있습니다.

AI를 활용한 선거 운동은 가능할까?

2023년 누군가 인공지능(AI) 첨단 조작 기술을 이용해, 도널드 트럼프 전 미국 대통령이 한 무리의 경찰들에게 진압당하는 모습의 가짜 사진을 소셜미디어에서 퍼트린 적이 있습니다. 만약 선거 운동 과정에서도 이런 기술이 동원된다면 어떤 일이 벌어질까요? 후보자가 하지도 않은 말이나 행동들이 SNS를 타고 널리 퍼져서 미처 대응할 사이도 없이 유권자들의 선택에 영향을 끼칠 우려는 없을까요?

"너 이 영상 봤어?"

"헉. 진짜 이 후보가 이런 말을 했다고?"

이런 일들이 벌어지지 않으리란 법이 없겠지요? 그래서 우리나라에서도 선거법에 관련 규정을 만들어서 그런 상황을 미리 막고 있습니다.

중앙선거관리위원회에서 마련한 '생성형 AI 활용 관련 법규 운용기준'을 보면, 생성형 AI를 통해 작성된 글 또는 제작된 사진·동영상·음성 등을 선거에 활용하는 것은 가능합니다. 그러나 생성형 AI로 만들어 공표한 내용에 거짓된 내용이 포함되면 「공직선거법 제250조(허위사실 공표죄)」가 적용될 수 있으며, 생성형 AI로 만든 내용임을 미리 밝혔더라도 허위사실이 포함되면 마찬가지로 처벌받게 됩니다. 또한 2024년부터는 인공지능을 활용하여 후보자의 얼굴을 합성하는 딥페이크 기술은 선거 90일 전부터는 사용할 수 없도록 선거법을 고쳐서, 딥페이크 기술이 선거에 악용될 수 없도록 만들었습니다.

나날이 기술이 발전하고 있는 현대 정보화 사회에서 유권자의 올바른 판단을 돕는 건전한 사이버 선거문화 조성과 사실인지를 꼭 확인하는 유권자의 태도가 필요하다 하겠습니다.

선거에서 누군가를 떨구는 낙선 운동도 가능할까?

누군가를 선거에서 당선시키기 위해서 하는 행동을 '선거 운동'이라고 합니다. 그럼 누군가를 선거에서 떨구기 위한 행동도 가능할까요? 이것을 '낙선 운동'이라고 하는데, 우리나라에서는 2000년 제16대 국회의원 선거에서 등장했습니다. 이때, 400개가 넘는 시민단체로 구성된 '총선시민연대'가 낙천(공천 탈락)·

낙선 운동을 펼쳤는데, 총선시민연대가 발표한 부적격 후보자 112명 중 58명이 공천에서 탈락하고, 86명의 낙선 대상자 중 59명이 낙선하는 결과를 가져왔습니다.

　낙선 운동의 기준으로는 부정 부패자, 선거법 위반자, 정치인의 자질에 못 미치는 반유권자적 행위자 등이 선정되었으며, 낙선 운동의 방법으로 시민단체들은 낙선 운동 대상자의 지역구에서 집회와 행진, 가두시위* 등을 벌였는데, 이 낙선 운동은 선거법 위반 행위로 처벌받게 됩니다. 대법원 판례*에 따르면 낙선 운동 역시 「공직선거법」에서의 선거 운동에 해당하지만, 낙선 운동이 선거 운동 제한 규정을 위반하여 확성기 사용, 연설회 개최, 불법 행렬, 서명 운동 등을 했다면 법을 어긴 것이라

논술의 힘, 어휘력

● 가두시위 : 거리에서 벌이는 시위. 가두데모.
● 판례 : 법원에서 동일하거나 비슷한 소송 사건에 대하여 행한 재판의 선례(先例).

고 보았습니다.

  이 판결은 그 뒤 헌법재판소에서도 적법한 것으로 결정함으로써 효력을 유지하게 되어 이후로 낙선 운동은 사라지게 되었습니다. 비록 시민단체에 의한 낙선 운동은 불법으로 규정되어 자취를 감추게 되었지만, 정당과 정치인 중심으로만 운영되던 우리나라 선거 운동 역사에서 실제로 시민들에 의해 전국적 규모로 정치인에 대한 부적합 판정을 내린 그 의미는 두고두고 되새길만하다 하겠습니다.

1. 사람들은 왜 지역주의 투표 행태를 보이는지 논술하시오.

2. 자신이 알고 있는 선거에 관련된 음모론 한 가지를 사례를 들어 논술하시오.

3. AI를 활용한 선거의 부정적 사례를 논술하시오.

4. 내가 선거에 나서는 후보라면 포지티브 전략과 네거티브 전략 중 어떤 것을 선택할지 그 이유를 들어 논술하시오.

4

생활 속
선거

선거에서 여론 조사는 언제부터 이루어졌을까?

여러분 학교에서 학급회장을 뽑을 때는 가까운 친구들에게 물어서 누가 당선될 것 같은지 알 수도 있죠? 하지만 학생회장 선거라면 내가 직접 물어보는 것만으로는 결과를 예측하기 어렵겠지요? 왜냐하면 내가 직접 물어볼 수 있는 사람들은 한계가 있고, 그들의 생각이 전체를 대표한다고 보기도 힘들기 때문이지요. 그래서 많은 사람이 참여하는 선거에서는 '여론 조사'라는 과학적 방식을 동원하여 당선자를 예측하려 하지만 사람의 마음을 꿰뚫어 볼 수는 없기에 빗나가는 경우도 많이 있어서, 선거가 있을 때마다 논란이 되고 있습니다.

우선 최초로 여론 조사가 동원된 사례는 1824년 미국의 대통령 선거(존 퀸시 애덤스vs앤드루 잭슨)에서 찾아볼 수 있는데, 이

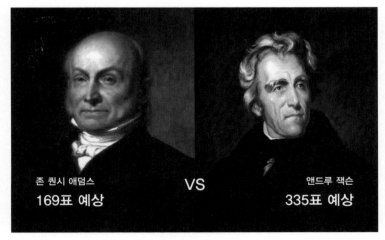

▲ 1824년 대통령 선거 이전의 유권자 선호도 집계

당시 여론 조사는 몇몇 지역이나 소수 집단에게 누구를 지지하는
지를 묻는 정도여서 과학적 방식이라고 볼 수는 없습니다. 근대
적 의미의 여론 조사는 1935년 조지 갤럽이 '체계적 표본 추출
법'을 사용하면서 시작되었고, 초기에는 여러 오류로 신뢰를 잃
다가 1960년 미국 대통령 선거에서 케네디의 승리를 정확히 예
측하며 신뢰를 얻게 되었습니다. 우리나라는 1947년 초보적 수
준의 여론 조사가 처음으로 실시된 이래, 1987년 대통령 직선제
선거에서 노태우, 김영삼, 김대중 후보의 득표율 순위를 정확히
맞추며 신뢰도를 높이게 됩니다.

하지만 이후 2000년 16대 총선 등 실제 결과와 엄청난 차이
를 보이는 오류를 겪으며 신뢰를 잃기도 하다가, 최근에는 여론
조사 기법의 발달로 실제와 상당히 근접한 결과를 보이며 유권자
들을 놀라게 하고 있습니다. 또한 선거 전 여론 조사뿐만 아니라
'출구 조사'도 등장하여 여론 조사의 정확도를 높여주고 있는데
특히, 선거를 하고 투표소를 나서는 유권자를 대상으로 하는 만

논술의 힘, 어휘력

- 여론 조사 : 국가나 사회의 여러 가지 문제에 대해
  일반 대중의 공통된 의견을 면접이나 질문서 등을
  통하여 조사하는 일.
- 표본 : 다수의 통계 자료를 포함하는 집단 속에서 그
  일부를 뽑아내어 조사한 결과로, 본디의 집단의 성질
  을 추측하는 통계 자료.
- 출구 조사 : 선거 여론 조사 방법의 하나. 투표를 마
  치고 나오는 유권자를 직접 만나 투표 성향을 조사
  하는 것으로 당락을 예측할 수 있음.

큼, 출구 조사는 높은 정확도를 보이고 있습니다.

여론 조사는 어떻게 읽어야 할까?

'이번 설문조사는 18세 이상 1,000명을 대상으로 ARS 여론 조사(무선 100%)로 진행됐다. 응답률은 4.3%, 표본오차는 95% 신뢰 수준에 오차 범위 ± 3.1%p(포인트)다. 표본 추출은 유무선 전화 RDD 방식으로 이뤄졌다.' – 어느 언론의 설문조사 내용 중 –

요즘 신문을 보면, 여론 조사 보도 기사의 맨 처음 혹은 맨 마지막에 위와 같은 설명 글을 보게 됩니다. 이게 도대체 무슨 말일까요? 알 듯 말 듯 한 이 글에 여론 조사의 정확도가 어느 정도인지 읽을 수 있는 힌트가 들어 있습니다. 여론 조사는 사람이 직접 대상을 만나 인터뷰를 진행하는 대면 조사 방식과 통신망을 활용한 비대면 조사 방식으로 나뉩니다. 대면 조사 방식은 일정한 표본을 모집하여 조사하거나, 혹은 직접 집집마다 방문을 하거나, 특정한 곳에서 무작위로 인터뷰를 진행하여 자료를 수집하는 등

논술의 힘, 어휘력

- 통신망 : ① 통신사·신문사·방송국 등에서 내외 각지에 통신원을 파견해 본사와 연락하는 조직이나 설비. ② 유·무선 전화 또는 컴퓨터 등을 이용하여 정보나 의사를 주고받을 수 있는 연락 체계.

의 방식으로 이뤄집니다. 반면 통신망을 이용한 비대면 조사는 현대에 들어와서 정착된 방식입니다.

전화가 충분히 보급되기 전 시대의 과거에는 우편을 이용한 여론 조사를 사용하기도 했지만, 통신망이 널리 보급된 현대 사회에서는 전화 조사를 기본적으로 사용합니다. 위에서 말한 조사도 전화를 통한 자동응답방식(ARS)으로 조사되었는데, 유선이 아닌 무선 즉, 핸드폰으로 전원 조사했다는 뜻이지요. 만약 유선전화로도 함께 진행했다면 '유선 00%, 무선 00%로 조사'라고 표기되었겠지요? 전화를 통한 여론 조사에는 이런 ARS조사 이외에도 '전화 면접 조사' 방식이 있는데, 이는 조사원이 직접 전화를 걸어 전화를 받는 사람에게 설문조사를 하는 방식입니다.

전화 면접 조사는 가장 기본적인 전화 여론 조사의 방법으로 장점은 평소 정치·사회 문제에 관심도가 낮은 계층이나 무관심층에도 얼마든지 조사가 가능하다는 점과 전화를 받는 사람이 쉽게 전화를 거절하지 않게 되어 상대적으로 응답률이 높게 나온다는 점이 있습니다. 하지만 단점으로는 전화 조사원이 질문할 때 조사원의 성별, 어투, 사투리 등의 요인 때문에 응답자가 솔직한 답을 꺼릴 수 있다는 점, 사람이 직접 물어보기 때문에 응답자가 자신의 속마음을 숨길 수 있다는 점, 조사의 비용이나 시간이 많이 소요된다는 점 등이 있습니다.

ARS 조사는 이와 반대의 성격을 가지는데, 정치 무관심층은 쉽게 전화를 끊어버리는 등 거절이 쉬워서 응답률이 낮고, 길고 복잡한 문제는 물어보기 어렵다는 점 등의 단점이 있는 반면에 기계에 버튼을 눌러 응답하므로 비교적 솔직한 응답이 가능하며 시간과 비용이 줄어든다는 장점이 있습니다.

그리고, 응답률이 4.3%이니 100명 중 4명 정도만이 응답했다는 것으로 생각하여 '이것을 여론 조사라고 할 수 있나?'라는 오해가 있을 수 있지만, 이 수치는 그런 뜻이 아닙니다. 예를 들어 여론 조사의 표본이 1,000명일 때 응답률이 4.3%라는 말은, 표본 1,000명이 채워질 때까지 전화를 걸었더니 전체 43,000명까지 전화를 걸게 되었고, 그중 1,000명의 응답을 받은 것으로 그 비율을 따져보니 최종적으로 4.3%가 나왔다는 말입니다. 결코 1,000명 중에 4.3%만 응답했다는 말이 아닙니다.

그리고, '표본오차'란 모집단의 일부인 표본에서 얻은 자료를 통해 모집단 전체의 특성을 추론함으로써 생기는 오차로 '95% 신뢰 수준에 표본오차 ±3.1% p'는 같은 조사를 100번 했을 때 95번은 오차가 ±3.1% p 안에 있다는 뜻입니다. 즉, 신뢰 수준은 높을수록, 표본오차는 낮은 수치일수록 정확도가 높다는 뜻일 수 있으며, '±3.1% p'란 아래, 위로 3.1인 6.2%까지는 오차가 있을 수 있다는 말이 됩니다. 어느 두 개 정당의 지지율을 조사했을 때 그 차이가 6%라면, 사실은 오차 범위 내에 있으므로 우열을 가릴 수 없다는 말이 되는 것입니다.

끝으로 'RDD 방식'이란, 지역번호와 국번을 제외한 나머지 4

논술의 힘, 어휘력

- 국번 : 국번호'의 준말. 전화 교환국의 국명(局名)을 나타내는 번호. '국번 없이 119.

자리 번호를 컴퓨터로 자동 추출하여 선정된 번호를 활용하여 전화를 거는 여론 조사 방식을 말합니다. 그러나 이 방식은 어느 지역 유권자인지를 알 수 없고, 전화를 받는 사람은 자기 번호가 노출되었다는 생각에 정확한 답을 하기 어려운 단점이 있습니다.

그리하여 최근 도입된 방식이 '가상 번호' 방식입니다. 이것은 '안심 번호'라고도 하는데, 누군가 인터넷 쇼핑몰에서 물건을 구매할 때, 개인정보 보호 차원에서 택배 송장에 사용될 자신의 실제 휴대폰 번호를 숨기는 용도로 050으로 시작되는 가상 번호를 만들 수 있는데, 이것이 바로 '안심 번호'입니다.

가상 번호를 활용한 조사를 위해서는 먼저 여론 조사 업체들이 '선거 여론 조사심의위원회'를 통해 SKT, KT, LGU+ 등의 각 통신사로부터 조사를 원하는 지역에 거주하는 유권자들의 휴대전화 가상 번호를 대량으로 구입합니다. 이때 구입한 번호는 050으로 시작하는 1회용 가상 번호이므로, 각 여론 조사 업체는 실제 존재하는 전화번호를 알지 못합니다.

다시 말해 여론 조사 대상자는 자신의 실제 전화번호가 외부에 노출되지 않으므로 개인정보는 보장되며, 이때 활용된 가상 번호는 일정 기간이 지난 후에 자동으로 소멸됩니다. 알 듯 말 듯 한 여론 조사의 항목들에 이렇게 복잡한 장치들이 숨어있다는 사실을 처음 아셨죠?

우리나라 선거일은 왜 수요일일까?

우리나라의 각종 선거일은 '공직선거법'에 나와 있습니다.

※ 대통령 선거 : 임기 만료일 전 70일 이후 첫 번째 수요일
※ 국회의원 선거 : 임기 만료일 전 50일 이후 첫 번째 수요일
※ 지방선거 : 임기 만료일 전 30일 이후 첫 번째 수요일

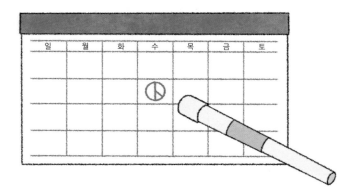

선거일이 공휴일이거나, 선거일 전일이나 다음날이 공휴일일 때는 그다음 주 수요일에 실시합니다.

우리나라 선거일은 2004년 공직선거법에 의해 수요일로 정해져 있는데요, 왜 하필 수요일로 정했을까요? 그 이유는 선거일이 임시 공휴일이므로 월요일이나 화요일, 혹은 목요일이나 금요일로 정할 경우, 연휴를 이용하여 여행을 떠나는 유권자가 많아져서 투표율이 떨어질 것을 염려했기 때문이라네요. 참고로 주 5일

제가 시행되기 이전인 2003년까지는 투표일이 목요일이었답니다.

주 5일제가 시행되면서 토요일도 휴일이 되었기 때문에 연휴를 피하기 위해 선거일을 수요일로 옮겼다니, 국가의 미래를 결정하는 중요한 날임에도 여행을 택하는 유권자를 막기 위한 궁여지책에 왠지 씁쓸함이 느껴지네요.

한편, 제20대 대통령 선거의 경우 19대 문재인 대통령의 임기 만료일인 2022년 5월 9일로부터 70일 전 이후 첫 번째 수요일인 3월 9일 실시되었으며, 22대 국회의원 선거의 경우 21대 국회 임기 만료일인 2024년 5월 29일로부터 50일 전 이후 첫 번째 수요일인 4월 10일 치러지게 됩니다.

우리나라 투표용지와 기표 용구는 어떻게 생겼을까?

선거나 투표를 할 때 쓰는 일정한 양식의 종이를 투표용지라고 부르는데, 표기를 하는 방식에 따라 이름을 적는 '기명식'과 기호로 표시하는 '기표식' 투표용지로 나눕니다. '기명식'은 빈 칸을 하나 만들어 놓고 지지하는 후보의 이름을 직접 적도록 만들어 놓은 방식입니다.

논술의 힘, 어휘력
- 궁여지책 : '궁한 끝에 나는 한 꾀'의 뜻으로, 막다른 골목에서 벗어나기 위해 짜내는 계책을 의미.

학교에서 학급회장 선거를 하면 담임선생님께서 종이쪽지를 나눠주고 지지하는 후보의 이름을 적은 뒤 이름이 안 보이게 접어서 내라고 하는 것이 대표적 예입니다.

'기표식(기호식)'은 그 선거구에 출마한 후보들을 전부 투표용지에 적어놓고 후보마다 칸을 하나씩 만들어서 지지하는 후보의 칸에 지정된 표시를 하도록 만들어 놓은 방식입니다. 한국이나 대만 등 대부분 국가는 기표식 투표용지를 사용하며, 일본과 이란 등 소수의 국가만이 기명식 투표용지를 사용합니다.

우리나라는 1948년 5월 10일 최초의 제헌 국회의원 선거 때부터 기표식 투표용지를 사용하며, 투표용지 인쇄의 규칙은 다음과 같습니다.

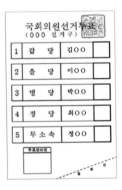

먼저, 대통령, 지역구 의원(국회/지방의회), 자치단체장은 기호-소속 정당-후보자명-기표란 순으로 가로쓰기를 하고, 세로로 나열합니다. 비례대표 의원(국회/지방의회)은 기호-정당명-기표란 순으로 가로쓰기하고, 세로로 나열합니다. 그러나, 교육감은 후보자명-기표란 순으로 세로쓰기하고, 가로로 나열하며 후보의 기호도 부여하지 않습니다.

또한, 1개 선거구에서 2개 이상의 선거를 동시에 진행할 경우에는 투표용지의 색깔로 용도를 구분하며, 위조를 막기 위해 숨은 그림(은화) 등을 삽입하고 있고, 한차례 코팅하여 훼손을 방지하고 있습니다.

특히, 기표된 투표지를 촬영하는 행동 등은 선거법 위반으로 2년 이하의 징역 혹은 400만 원 이하의 벌금에 처해지는데, 이것은 비밀투표의 원칙을 지키기 위해서입니다. 간혹 투표 참여를 인증하기 위해 자신의 투표지를 촬영해서 SNS에 올리는 경우가 있는데 엄격하게 처벌되니 조심해야겠지요?

한편, 선거가 아닌 국민 투표는 찬반투표이므로, 국민투표법에 "투표용지에는 찬성과 반대의 양란을 두어야 한다."라고 규정하고 있습니다.

기표 용구와 관련해서는 초기 선거법에 명확한 규정 없이 원형(○)으로 표기해야 한다는 규정만이 있어서, 탄피나 붓대 등을 이용했습니다. 그러다 보니 접힌 투표용지에 잉크가 묻어나 무효표가 나오는 문제가 발생해서 1992년부터는 동그라미 안에 사람인(人) 자를 넣어서 사용했지만, 이것도 대칭이다 보니 잉크가 묻어나면 똑같은 논란에 휩싸이게 되었습니다.

그래서 그 뒤로 원 안에 점 복(卜) 자를 넣게 되었고 그 뒤로는 잉크가 묻어도 대칭을 이루지 않아 무효표 논란이 사라지게 되었습니다. 그리고 2006년부터는 만년 도장 형태로 잉크를 충전하면 여러 번 찍을 수 있는 기표 용구가 도입되어 오늘에 이르고 있습니다. 무효표 논란을 줄이기 위한 오랜 기간의 노력이 기표 용구에도 숨어있네요.

투표일에 바쁜 일이 있다면 어떻게 해야 할까?

만일 투표일에 회사에 바쁜 일이 생겨서 출근해야 한다거나 해외 출장을 가야 한다면 투표는 어떻게 해야 할까요? 물론, 출근을 하더라도 투표 시간을 요구하면 사장님은 들어주어야 한다고 근로기준법에 나와 있긴 하지만, 이런 요구를 사장님에게 당당하게 하기란 쉽지 않겠지요? 그래서 생겨난 제도가 '사전투표제'입니다. 사전투표는 기존에 실시했던 '부재자투표'의 불편함을 없애 투표 참여를 높이고 선거 당일 투표소 혼잡을 막기 위해서

도입되었습니다.

'부재자투표'는 투표일에 내가 사는 거주지에 없게 될 경우, 사전에 부재자 신고를 하고, 등기우편으로 투표용지를 발송해야 하는 번거로움이 있었습니다.

이와 달리 사전투표는 별도의 사전 신고 절차가 없이도 누구나 전국에 설치된 사전투표소에서 투표할 수 있게 만든 것입니다. 전국의 사전투표소를 통신망으로 연결하고 모든 공직 선거의 선거인명부(유권자 명단)를 하나로 통합 운영하면서 가능해졌습니다.

과거에는 투표구별로 선거인 명부를 작성하고 관리했었지만, 사전투표제 실시 이후에는 사전투표를 하려는 유권자는 사전투표 기간에 사전투표소를 방문하기만 하면 자신의 주소지에 관계없이 전국 어디서나 투표할 수 있습니다. 사전투표소에서 신분증을 제시하고 손도장(지문)이나 서명을 입력하면 본인 조회가 완료되며, 본인 조회가 끝나면 투표용지 발급기를 이용해 유권자가 살고 있는 해당 선거구의 투표용지를 자동으로 발급합니다.

투표를 하러 간 유권자가 관내 선거인(사전투표소가 설치된 구·시·군 주소지 선거인)이라면 투표용지를 교부받아 기표소

논술의 힘, 어휘력

- 근로기준법 : 근로자의 기본적 생활을 보장하고 향상시키기 위하여 근로 조건의 기준을 규정한 법.
- 등기우편 : 우체국에서 우편물의 안전한 송달을 보증하기 위해 우편물의 인수·배달 과정을 기록하는, 우편물 특수 취급의 하나. 등기.

에서 기표한 뒤 투표함에 투입하면 사전투표가 완료됩니다. 유권자가 관외* 선거인(사전투표소가 설치된 구·시·군 주소지 이외 선거인)이라면 투표용지와 회송용 봉투를 받아 기표소에서 기표한 뒤 회송용 봉투를 밀봉해서 투표함에 넣으면 투표가 완료됩니다.

사전투표일은 선거일 5일 이전부터 2일간 06시~18시에 실시되는데, 선거가 갑자기 생기는 지극히 예외적인 경우가 아니면 공직선거법상 원칙적으로 모든 투표는 수요일에 실시하므로 사전투표는 선거를 실시하기 바로 전 금요일, 토요일이 됩니다.

사전투표제의 가장 큰 특징은 부재자투표와 달리 사전에 신고할 필요가 없다는 점, 투표소에 갈 때 오로지 신분증만 소지하고 있으면 전국 어디에서나 읍·면·동에 설치된 3,500여 개 사전투표소에서 투표할 수 있다는 점입니다. 이러한 사전투표는 IT 기술을 선거 관리에 성공적으로 접목함으로써 자신의 주소지에서 투표할 수 없는 유권자에게 투표 편의를 제공하여 국민의 참정권 행사를 실질적으로 보장하였다는 점에 큰 의미를 부여할 수 있습니다.

이에 따라 투표율을 높이는 데에도 기여하여, 도입 초기에는 투표율의 20%가량을 담당했으나, 점점 사전투표제에 대한 국민들의 인지도가 높아지면서 제19대 대통령 선거(2017년)와 제7

논술의 힘, 어휘력 ────────

● 관외 : 관할 구역의 밖. ↔ 관내.

회 전국동시지방선거(2018년)에서는 사전투표율이 총 투표율의 1/3 정도를 차지하였습니다. 그리고 2022년 진행된 제20대 대통령 선거에서는 사전투표율이 총 투표율의 약 47.2%가량을 차지할 정도로 사전투표율이 높아져, 이제 사전투표 제도는 완전한 정착 단계에 이르렀습니다.

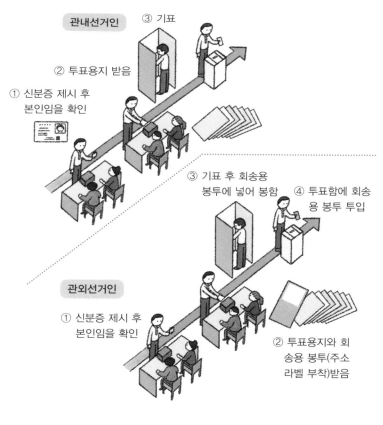

관내선거인

① 신분증 제시 후 본인임을 확인
② 투표용지 받음
③ 기표

③ 기표 후 회송용 봉투에 넣어 봉함
④ 투표함에 회송용 봉투 투입

관외선거인

① 신분증 제시 후 본인임을 확인
② 투표용지와 회송용 봉투(주소 라벨 부착)받음

▲ 사전투표 진행 방법

투표소로 쓰이는 장소는 어떤 곳일까?

제가 처음 투표할 때 투표소가 설치된 장소는 동네에서 좀 큰 교회였습니다. 기독교인이 아니었던 저는 속으로 '이렇게 특정 종교 시설에서 공적인 행위인 투표를 하게 해도 되나? 비종교인은 좀 그렇겠는데?'라고 생각했죠. 그 뒤로 우리 동네에서는 근처 초등학교로 투표소가 바뀌긴 했는데요, 그렇다면 투표소는 어떤 곳에 설치가 되는 것일까요?

우선 투표소는 읍·면·동 선거관리위원회가 투표구마다 설치하는데, 여기서 투표구란 투표관리를 위해 유권자 수 등을 고려하여 구분한 구역을 말합니다. 또 투표소는 학교, 읍·면·동사무소 등 관공서, 공공기관. 단체의 사무소, 주민회관 기타 선거인이 투표하기 편리한 곳에 설치하도록 되어 있고, 군대나 종교 시설 안에는 설치하지 못하게 되어 있습니다. 다만, 종교 시설의 경우 투표소를 설치할 적합한 장소가 없는 부득이한 경우 설치가 허용됩니다. 투표소는 사람들이 오가기 좋은, 교통이 편리한 곳에 설치하여야 하며, 장애인 등의 편의를 위하여 1층에 설치하는 것을 원칙으로 하고, 그럴 수 없는 경우에는 승강기나 경사로 등 장애인 편의시설이 있는 곳에 설치해야 합니다.

장애인이라고 국민의 기본권인 참정권이 제약받아서는 안 되겠지요? 따라서 투표소는 승강기 등 편의시설이 없는 지하층 또는 2층 이상의 장소에는 설치해서는 안 되고요, 식당, 다방, 음식점 등 유흥·접객업소 등에도 설치해서는 안 되는 것이 상식이겠지요?

참고로 투표소 안과 밖에서 해도 되는 행동과 하면 안 되는 행동을 알아서 처벌받는 일이 없도록 해야겠지요?

촬영이 가능한 인증샷

◎ 투표소 밖에서 촬영한 사진
◎ 브이 등 손가락으로 기호를 표시한 인증샷
◎ 선전시설물 등을 배경으로 촬영한 인증샷
*인터넷 · SNS · 문자로 게시 · 전송 가능

이런 인증샷은 안돼요!

ⓧ 사전투표소 및 투표소 내에서 인증샷 금지
ⓧ 기표소 안에서 사전투표지 및 투표지 촬영 금지

개표는 어떤 과정을 거칠까?

지금은 편하게 집에서 텔레비전이나 휴대폰으로 거의 실시간 집계 방송을 볼 수 있지만, 1960년대만 하더라도 일일이 사람들이 손으로 표를 헤아리고 그 집계를 큰 길가에 적어놓는 방식으로 개표가 이루어졌습니다. 답답하기도 하고, 정확도도 많이 떨어졌겠지요?

▲ 1967년 제6대 대통령선거 개표 상황   ▲ 1981년 제11대 대통령선거 개표 상황

그럼 요즘은 어떤 방식으로 개표가 이루어질까요? 먼저 모든 선거 과정에는 정당 추천 위원, 정당별·후보자별 참관인 등이 참여하고, CCTV 공개 등을 통해 선거의 투명성·신뢰성을 높이고 있습니다. 일단 투표소에서 투표가 마감되면, 투표함은 정당별·후보자별로 추천한 투표 참관인이 지켜보는 가운데 투표함을 봉쇄·봉인하고, 공무원 또는 교직원 중에서 선정한 투표관리관과 투표 참관인 각 1명이 봉인지에 서명합니다.

이후 투표관리관은 정당별·후보자별 투표 참관인, 호송 경찰과 동행하여 투표함을 개표 장소로 옮기게 됩니다. 사전투표의 경우는 2일간 투표가 이루어지므로 첫날 투표가 끝나면 사전 투표함은 구·시·군 선관위 내 CCTV 및 보안 경비 시스템이 설치된 장소에 보관합니다. 이때 사전 투표함 보관 장소 출입문은 철저히 잠그고, 여닫는 부분을 정당 추천 선관위원과 선관위 사

논술의 힘, 어휘력 ─────

● 봉인 : 밀봉한 자리에 도장을 찍음. 또는 그렇게 찍힌
　도장. 인봉(印封).

무국장이 서명한 봉인지로 봉인합니다. 또한 투표함 보관 상황을 CCTV로 녹화하며, 중앙 선관위에 설치된 통합관제센터에서도 24시간 모니터링합니다.

이튿째는 선관위원과 사무국장이 투표함 봉인을 뜯고 투표소로 옮겨 투표를 진행하며, 투표가 마감되면 역시 투표 참관인, 호송 경찰과 함께 투표함은 선거관리위원회 내의 CCTV가 있는 장소로 옮겨져 보관했다가 투표 당일 투표가 마감되면 개표소로 옮겨지기에 안전한 선거가 이루어집니다. 투표함이 개표소에 도착하면 역시 정당별 · 후보자별로 추천된 개표 참관인의 참관 아래 투표함 이상 유무를 확인하고, 투표함을 열어 투표지를 꺼내 선거구별로 구분한 후 운반 용기에 담아 투표지 분류기로 넘깁니다. 넘어온 투표지를 투표지 분류기에 투입해 각 정당 · 후보자별로 분류하면서 그 매수를 세고, 무효 표이거나 유효표일지라도 판단이 어려운 투표지는 재확인 대상 투표지로 구분됩니다.

분류가 끝나면 분류된 투표지가 해당 정당 · 후보자의 유효표가 맞는지, 세고 난 투표 지수가 정확한지 등을 육안으로 다시 확인합니다. 또한 투표지 분류기에서 재확인 대상으로 분류된 투표지는 개표사무원이 수작업(육안)으로 심사한 후 분류기에서 분류

논술의 힘, 어휘력

- 모니터링 (monitering) : 방송국 · 신문사 또는 일반 회사 등의 의뢰로, 방송 내용 · 기사 또는 제품 따위에 대하여 의견 · 평을 제출하는 일.
- 수작업 : 손으로 직접 하는 작업.

된 투표지와 합산해 정당·후보자별 유효 투표지와 무효 투표지로 집계·구분합니다. 이후 구·시·군 선관위원이 정당·후보자별 득표수, 무효 투표수 등을 검사하고 검사를 마친 투표지와 개표상황표를 선관위원장에게 인계합니다.

위원장은 최종적으로 확인한 후 성명을 기재하거나 날인하고, 개표상황표에 따라 개표 결과를 공표함으로써 투표와 개표를 마치게 됩니다. 이렇게 많은 사람들이 공정하고 객관적인 방식으로 진행하니, 투표와 개표 결과는 믿고 받아들여도 되겠지요?

우리나라에서 선거에 나설 수 있는 나이는?

현재 우리나라에서 선거에 참여하여 투표할 수 있는 연령은 지난 2019년 선거법 개정으로 만 18세 이상으로 정해져 있으니, 일반적으로 고등학교 3학년 생일이 지났다면 할 수 있겠지요?

1948년 우리나라 정부 수립 초기에는 선거 연령이 21세였습니다. 그나마 미국이 신탁통치를 3년간 하는 바람에 미국식 민주주의가 일찍 도입되어, 남녀 구분 없는 21세 이상 보통선거가 이루어진 셈이죠. 민주주의 선진국이라 일컬어지는 영국에서 여성을 포함한 보통선거 제도가 1928년에야 정착된 것과 비교하면

논술의 힘, 어휘력 ───────

• 날인 : 도장을 찍음. 날장.

우리나라의 보통선거 제도가 얼마나 빨랐는지 알 수 있겠지요?

이랬던 선거 연령은 1960년에 민법상 성년인 20세로 낮아지고, 다시 2005년 20세에서 19세로 낮아지게 됩니다. 하지만 '청소년도 시민'이라며 선거 연령을 낮추자는 요구는 끊임없이 이어졌고, 미국, 독일, 영국, 프랑스, 캐나다, 일본 등 흔히 선진국으로 불리는 국가들의 선거권 연령이 18세라는 것도 선거권 연령 하향에 한몫했다고 보입니다.

선거 연령	나라
16세	오스트리아, 브라질, 아르헨티나, 쿠바 등
17세	그리스, 인도네시아, 수단, 동티모르 등
18세	대한민국, 미국, 독일, 영국, 프랑스, 독일, 러시아, 중국, 일본, 캐나다 호주 등
20세	바레인, 카메룬, 나우루, 대만 등
21세	싱가포르, 레바논, 쿠웨이트, 오만 등

▲ 세계 각 국의 선거 연령

한편 선거 연령을 18세로 낮추자고 했을 때 반대한 사람들은 고등학생은 아직 인격적으로 미성숙하고 가치관의 혼란을 겪고 있는 시기라고 주장했습니다. 또 대입에 매진해야 할 때인 만큼 정치적 결정을 하기에는 준비가 부족한 상태이고, 게다가 학교 현장의 정치적 중립이 훼손되는 등 여러 가지 부작용을 가져올 수 있다고 우려했습니다.

하지만 법이 바뀌고 실시된 몇 차례 선거를 통하여 이런 우려는 괜한 것이었음이 증명되었습니다. 학교 현장의 혼란이나 정치적 중립 훼손은 없었고, 오히려 책임 있는 정치적 행동을 위한 올바른 정치 교육의 필요성이 중요한 과제로 떠오르고 있습니다. 청소년이 자신의 삶에 영향을 주는 문제에 대해 선거 참여를 통해 영향력을 행사할 수 있게 하는 것은 국민의 기본권을 향상시키고, 정치에 관심을 높여 우리 사회의 민주주의 지수를 높여줄 것이므로 이에 대비한 정치 교육을 보다 발전시켜야 하겠습니다.

참고로 선거로 누군가를 뽑는 '선거권' 뿐만 아니라, 선거에 나서서 선택받는 '피선거권' 또한 지난 2022년 법 개정을 통해 바뀌어서, 국회의원 선거와 지방선거는 18세 이상으로 낮춰졌습니다. 그러나 아직까지 대통령 선거에 나설 수 있는 나이는 40세 이상이니, 고등학생 대통령 후보는 볼 수 없지만, 이제 고등학생 국회의원 후보나 시장 후보는 만나볼 수 있을까요?

미래에는 인터넷으로만 선거가 가능할까?

1960년대에는 유권자들이 직접 유세장을 방문해야만 후보자의 생각과 견해를 들어볼 수 있었습니다. 이후에 TV가 등장하면서 안방에 앉아서 후보자의 연설과 견해를 들어볼 기회가 생기기는 했지만, 여전히 일방적인 전달이어서 후보자의 깊은 생각을 들어보고 유권자의 뜻을 전달하기에는 부족함이 많았습니다. 이에 비해 인터넷은 후보에 대한 정보를 유권자에게 빠르게 전달하고, 유권자의 생각 또한 후보에게 전달할 수 있으므로 유권자의 지지를 효과적으로 끌어낼 수 있다는 이점을 가집니다. 또 후보자가 유권자들을 직접 만나지 않아도 되므로, 선거 운동에 드는 시간과 비용을 획기적으로 줄여주며, 시간에 구애받지 않고 유권자와 소통할 수 있다는 것도 큰 장점입니다.

그렇다면 이제 선거는 인터넷으로만 하면 되고, 누구나 선거에서 공평한 기회를 갖게 되는 것일까요? 이에 대해선 서로 다른 의견들이 존재하는데요, 우선 인터넷만으로는 온전한 선거 운동이 진행되기 힘들다는 것입니다. 사람들은 얼굴을 보며 손이라도 잡고 눈을 맞추는 후보를 원하지, 모니터나 액정 화면만으로는 확실한 지지를 얻기 힘들다는 것입니다. 아직도 선거 때가 되면 시장이나 동네를 돌면서 손을 잡고 대화를 나누는 후보들이 많은 이유가 그것 때문이겠지요. 또 인터넷 선거 운동이 소규모 정당이나 정치 신인에게도 반드시 유리하지 않을 수 있다는 의견도 존재합니다. 자금력이나 조직력이 인터넷 선거 운동에도 반영되기 때문에 정치 신인들이나 소규모 정당에 불리할 수 있다는 것이지요. 여러분이 유권자라면 어떨 것 같은가요? 인터넷에서 접한 정보만으로도 충분히 후보를 평가할 수 있다고 보시나요? 인터넷 선거 운동이 기존 선거 운동을 대신할 수 있을지의 여부도 유권자의 선택에 달렸습니다.

한편, 전 세계 초고속 인터넷 보급률 1, 2위를 다투는 우리나라에서 왜 투표는 인터넷으로 하지 않는 걸까요? 그것은 비밀선거나 직접선거의 원칙이 지켜지지 않을 수도 있기 때문입니다.

개개인이 PC나 모바일 기기에서 투표한다면 본인이 직접 투표하는 것이라는 사실을 증명하기가 어렵기 때문이죠. 혹시 나중에 정보통신 기술이 지금보다 크게 발달해서 본인 여부를 확실히 가려낼 수 있는 때가 온다면 또 모르겠지만요!

이봐, 젊은이! 내 핸드폰으로 투표 좀 해줘~

네~ 도와드리죠.
(내 맘대로 찍어야지! ㅋㅋ)

1. 우리나라 선거일이 수요일인 이유를 투표율과 관련지어 논술하시오.

2. 사전투표가 어떻게 이루어지는지 사전투표의 목적과 관련지어 논술하시오.

3. 인터넷으로 하는 선거의 우려되는 점을 사례를 들어 논술하시오.

4. 자신이 생각하는 선거에 나설 수 있는 나이와 그 이유를 논술하시오.

5

유익한
선거 이야기

'한 표의 기적'이란 말은 사실일까?

우리나라에서는 선거 때마다 '한 표의 소중함'을 강조하지만, '나 하나 투표하고, 안 하고에 결과가 바뀌겠어?' 하는 생각으로 투표를 포기하고, 심지어 투표일을 '노는 날' 쯤으로만 생각하는 사람들도 많습니다. 하지만 정말 단 한 표로 당락이 결정된 사례가 의외로 여러 번 있었다는 사실을 아시나요?

2002년 실시된 제3회 전국동시지방선거 경기도 동두천시 의회 선거에서 문O희 후보와 이O하 후보는 나란히 1,162표를 얻어서, 공직선거법상 연장자* 당선 규정에 따라 문O희 후보가 당선되었습니다. 당선된 사람은 크게 기뻤겠지만 같은 수의 득표를 하고도 떨어진 사람의 심정은 어땠을까요? 정말 '한 표의 소중함'을 느낀 사례가 아닐까요?

이 밖에도 2002년에는 인천 부평구의회 선거에서, 2006년에는 충북 충주시의회 선거에서 각각 한 표 차이로 당락이 결정된 사례도 있었으니, 정말 '나 하나쯤이야' 라는 생각은 유권자로서는 가지지 말아야 할 생각이겠죠? 내 한 표가 당락을 결정할 수도 있으니 말입니다.

그런데, 지방선거는 유권자 수가 적으니 한두 표 차이로 당락이 결정되는 것이 당연하다고요? 아닙니다. 2000년 제16대 국회

논술의 힘, 어휘력

- 연장자 : 자기보다 나이가 많은 사람.

의원 선거 경기도 광주 선거구에서는 전체 유권자 87,000여 명 중 박O규 후보가 16,675표, 문O진 후보가 16,672표로 단 3표 차로 당락이 결정되었고, 이후 떨어진 후보의 별명은 '문세표'가 되었다니 당사자는 얼마나 아쉬웠을까요?

이와 같이 선거의 종류, 유권자의 수와 상관없이 '나의 한 표'가 누군가를 당선시킬 수도 혹은 떨어뜨릴 수도 있는 '소중한 한 표'라는 사실을 꼭 기억하고 빠짐없이 투표에 참여해야겠습니다. 참고로 우리나라 대통령 선거에서의 최소 표차는 2022년 실시된 제20대 대통령 선거로 윤석열 후보가 48.56%, 이재명 후보가 47.83%를 얻었으며 두 사람의 격차는 0.73%에 불과해 역대 가장 적은 표 차로 당락이 결정되었습니다.

우리나라 선거에서 대표적인 불법 사례는?

학급의 회장 선거에서 후보로 출마한 누군가가 아이스크림이나 떡볶이, 혹은 그보다 더 비싼 것을 사주면서 "나를 뽑아달라"라고 부탁한다면, 여러분은 어떻게 하실 건가요?

선거란 시민의 대표를 뽑는 신성한 행위지만, 그 대표가 권력을 행사하는 자리이기도 하기에 불법적으로라도 당선되기 위한 시도는 많이 있었습니다. SNS가 발달하고 투표와 개표가 자동화된 오늘날에는 모든 과정이 투명해지고 공정해져서 그러한 시도가 많이 줄었다지만, 모든 것이 사람의 손으로 이루어지던 예전에는 그렇지 않았습니다.

우리나라 선거에서 국가 권력이나 주요 정당에 의해 벌어졌던 대표적인 불법 사례 몇 가지를 살펴보자면, 우선 4·19혁명을 일으키게 했던 1960년 3·15 부정선거를 들 수 있습니다. 당시에는 '4할 사전투표'라고 하여, 유권자의 40% 정도의 표를 미리 자유당지지 표로 만들어 투표함에 넣어놓거나 투표장에서 야당 참관인을 쫓아내는 방법, 개표소에 갑자기 정전을 일으킨 뒤 투표함을 바꿔치기하는 등 지금으로서는 상상도 하기 힘든 방법들이 동원되었습니다.

1992년에는 군대에서의 선거 부정행위가 수면 위로 드러나 사람들에게 충격을 주었는데요, 이른바 '군 부재자투표 부정 폭로 사건'입니다. 1992년 3월 제14대 국회의원 선거를 앞두고 이지문 육군 중위가 군 부재자투표 과정에서 일어난 부정을 폭로한 사건인데, 이 당시 군인들은 근무하고 있는 부대 내에서 투표하는 '부재자투표'를 하고 있었습니다.

그런데, 군에서 노골적으로 '여당 후보를 당선시키도록 정신교육을 할 것'과 '부재자투표에서 무조건 여당에 투표하도록 하고, 그렇지 않으면 투표용지를 빼앗거나 불이익을 주도록 하라'는 지시가 내려온 것을 알게 됩니다. 이에 이지문 중위는 한 시민단체 사무실에서 기자회견을 열고 이 사실을 폭로했는데, 기자회견 직후 그는 헌병에게 연행되었고, 파면 처분을 받게 됩니다. 하지만 이 사건으로 인해 이후 군 부재자투표는 부대 안이 아닌 부대 밖에서 일반인과 같이 하게 되었고, 군대에서 특정 후보를 찍도록 강요하는 행위가 법으로 금지되었습니다.

2002년 제16대 대통령 선거 때는 당시 야당이었던 한나라당
이 몇몇 대기업으로부터 불법 선거자금을 '차떼기'라는 기상천
외한 방법으로 뇌물을 받은 사건도 있었습니다. 원래 금융 계좌
로 선거자금을 받던 관행이 '금융실명제'로 막히게 되자, 2.5톤
차량 1대에 현금을 꽉꽉 채운 뒤 그 자동차를 통째로 받는 방식
으로 선거자금을 받았던 것입니다. 지금처럼 5만 원짜리도 없던

완벽하군!

논술의 힘, 어휘력

● 헌병 : 군기 확립 · 군사 경찰 업무를 수행하는 군대
병과의 하나. 엠피(MP).

● 차떼기 : 화물차 한 대분의 상품을 한꺼번에 사들이
는 일. 또는 그렇게 하기 위한 흥정.

● 금융실명제 : 은행 예금이나 증권 투자 따위 금융 거
래를 실제 이름으로 하여야 하며, 가명이나 무기명
거래는 인정하지 않는 제도.

시절에 1만 원짜리로만 트럭을 꽉꽉 채웠으니 얼마나 기가 찰 노릇인가요? 지금 같으면 상상하기도 힘든 일이지요? 물론 이런 일을 저지른 당의 후보는 대통령에 당선되지도 못했고, 그 당은 그 후로도 한동안 '차떼기당'이라는 오명을 벗지 못했습니다.

이 일 후로 정치자금 법이 개정되어 법적으로는 기업이 정당에게 기부할 수 없도록 원천 봉쇄되었지만, 우리나라 선거자금의 문제가 완벽하게 해결되었다고 볼 수 있을지는 모르겠습니다. 하지만 시간이 지날수록 선거에 관해서도 점점 투명하고 깨끗한 방향으로 개선되고 있는 것은 분명해 보입니다.

재벌은 선거에 유리할까?

만약 학생회장 선거에서 부잣집 학생이 선거 포스터는 전문 디자이너에게 맡기고, 명품 옷을 입으며, 전문가에게 코칭을 받아 연설을 준비한다면 선거에서도 유리한 것은 사실이겠죠? 그럼 현실 정치에서도 돈 많은 사람, 이를테면 재벌들이 선거에 나선다면 더 유리할까요? 우리나라에서 재벌이 선거에 나선 사례는 '현대가(家)'의 창업주였던, '정주영'과 그의 아들 '정몽준'을 들 수 있습니다.

지금도 자동차와 건설업 등으로 유명한 '현대'를 창업한 정주영은 막노동으로 출발하여 한국 최대의 재벌이 된 인물로서, 현대가 그룹이 된 1971년부터 현대그룹 회장을 지냈습니다. 1965

년 국내 최초로 해외 건설업에 진출하여 '중동*붐*'을 일으켰으며, 1976년에는 최초의 국산 자동차 모델인 포니를 개발하는 데 성공했고, 1986년에는 자동차의 본고장인 미국 시장에 차를 수출하는 등 대한민국 경제계를 대표하는 인물입니다.

그랬던 그가 1992년 정치에 참여하겠다며 돌연 정계 입문을 선언하는데, 그 명분 중 하나가 당시에 널리 퍼졌던 불법 정치자금 문제였습니다. 이때 정주영은 "나는 돈이 많다. 남의 돈 받고 정치 안 하고 내 돈으로 하겠다."라고 했는데, 선거를 통해 정권을 획득하는 과정을 일종의 투자 과정으로 생각했는지도 모르겠습니다.

논술의 힘, 어휘력

- 중동 : 유럽에서 보아, 극동과 근동의 중간 지역(서아시아 일대인 아라비아반도 및 파키스탄 · 이란 · 이라크 · 아프가니스탄 등).
- 붐 (boom) : 어떤 사회 현상이 갑자기 크게 유행하는 일.

정주영은 "재벌이 정치도 좌지우지해서 되겠는가?"라는 우려에도 불구하고 '통일국민당'을 창당하여 그해 제14대 총선에서 31석을 얻어 제3당의 지위를 달성하고 여세를 몰아 제14대 대통령 선거에도 출마합니다. 그러나 많은 선거 비용을 지출하고도 김영삼, 김대중에 이은 3위에 그치고, 그나마 통일국민당 당원 수인 1,200만 명의 1/3 정도인 400만 표 정도에 그치는 부진을 보이게 됩니다.

성공한 경제인이었지만 정치의 벽은 넘지 못한 셈이죠. 하지만 그는 1998년 '통일 소'라고 불린 소 500마리와 함께 판문점을 넘는 이벤트를 연출해 국제적인 주목을 받았고, 몇 차례 더 방북하며 남북 민간교류의 획기적 전환점인 '금강산 관광'을 성사시키는 등 남북문제에서 사업가로서의 수완을 다시 한번 보여주었습니다.

한편, 그의 아들인 '정몽준' 또한 성공한 경제인에서 정치인으로의 변신을 시도합니다. 현대중공업 회장을 하고 있던 1988년 제13대 국회의원 총선거에서 울산 동구에 무소속으로 출마하여 당선되면서 정계에 입문한 그는, 이후 아버지 정주영이 창당한 통일국민당에서 국회의원에 다시 당선되며 아버지의 대통령 선거를 돕기도 합니다.

정주영이 대선에서 낙선한 뒤로 무소속 의원직을 유지하던 그

논술의 힘, 어휘력

- 여세 : 어떤 일을 겪은 다음의 나머지 세력이나 기세.

는, 축구 협회장이던 시절 한·일 월드컵을 유치하고 성공적으로 치러내면서 정치인으로서 인기를 얻게 됩니다. 그 인기를 바탕으로 대통령 선거에 나서, 새천년민주당 후보 노무현과 여론 조사 방식에 따른 후보 단일화에 합의했으나, 여론 조사 결과 간발의 차로 패하고 맙니다. 단일화 후 이에 승복하여 대선에서 노무현 후보 선거 운동에 나섰으나, 선거일 전날 밤 노무현 후보에 대한 지지를 철회하여 노무현의 지지자들을 분노케 하였습니다.

정몽준은 그 뒤로도 몇 차례 국회의원에 당선되고 서울시장 후보로도 나섰으나 낙선하면서 아버지의 뒤를 이어 대통령이 되려던 경제인의 꿈은 사라지고 맙니다. 경제계에서 큰 성공을 거뒀다고 정치계에서도 성공을 거둘 수는 없다는 사실을 재벌 부자 (父子)가 증명한 셈이라고나 할까요?

투표를 안 하면 벌을 받는 나라가 있다?

학급에서 회장을 선출하는데, "난 귀찮아서 투표 안 할래!"라고 말하는 친구가 있다면 뭐라고 얘기하실래요? 그런 친구가 한두 명이라면 '그러려니' 하고 넘어갈 수도 있지만 여러 명이 한꺼번에 그런다면 투표 자체가 성립되지 못할 수도 있겠지요? 또,

---

논술의 힘, 어휘력

● 간발 : 순간적이거나 아주 적음을 나타내는 말.

내가 투표하지 않으면 내가 원치 않는 대표가 뽑힐 위험도 커지겠지요? 그래서 투표는 자신의 이익을 지켜주는 '권리'이기도 하지만 공동체 구성원 전체의 이익을 지키기도 하기에 의무적으로 참여해야 한다는 의견도 많습니다. 우리나라에서는 방송이나 홍보 등을 통해서 투표 참여를 권하는 수준이지만, 어떤 나라는 투표하지 않으면 처벌하기도 하는데, 이것을 '의무투표제'라고 합니다.

의무투표제는 근대 국가로는 벨기에가 1893년부터 처음으로 시행하고 있습니다. 이 나라에서는 15년 이내에 4번 이상 투표를 하지 않으면 10년 동안 투표할 권리를 박탈하고, 그동안에는 공직에도 나갈 수 없다고 합니다. 또, 싱가포르는 투표에 불참하면 선거인 명부에서 제외한 후, 벌금을 내야만 투표권이 회복된다네요. 남미의 볼리비아에서는 투표하지 못한 이유를 해명하지 못할 경우, 벌금이 부과되고 은행에서 월급 인출을 못 하게 한답니다. 그리스는 여권이나 운전면허증 발급을 막고, 호주는 벌금을 물고, 두 나라 모두 극단적인 경우 감옥까지 갈 수 있대요. 그래서 일까요? 호주의 투표율은 90%에 달한다고 합니다.

하지만 민주주의 사회에서 투표를 강제하는 것이 옳으냐는 논쟁은 끊임없이 계속되고 있는데요, 일단 의무투표제를 찬성하는 사람들은 모든 유권자가 투표에 참여하면 대표성이 더욱 높아질 것이라고 주장합니다. 모든 계층의 국민이 정치적 의사를 표출한다면 민주주의를 더욱 충실하게 실천할 것이라는 말이겠죠.

반면에 의무투표제를 반대하는 사람들은 투표를 강제하면 오히려 어떤 후보자가 적합한지 판단하지 못하는 사람들까지 선거에 참여해 도리어 바람직한 대표성의 확보가 어려워질 수 있다고 주장합니다. 또한, 의무투표제를 시행하면 오히려 유권자의 기권할 권리가 박탈되므로 이것이 더 비민주적인 제도라고 비판하는 것입니다.

대체로 투표율이 점점 낮아지고 있는 우리나라에서도 투표율을 높이기 위한 다양한 아이디어들을 내놓고 있는데요, 의무투표제에 대한 여러분의 생각은 어떠신가요?

선거와 관련된 명언

당신이 정치에 관심을 두지 않는다고 해서 정치가 당신을 자유롭게 두는 것은 아니다.
– 페리클레스, 고대 아테네 정치가 –

선거란 누구를 뽑기 위해서가 아니라 누구를 뽑지 않기 위해 투표하는 것이다.
– 프랭클린 P. 애덤스, 미국 칼럼니스트 –

정치에 무관심한 가장 큰 벌은 가장 저질스러운 자들의 지배를 받는 것이다.
– 플라톤, 고대 그리스 철학자 –

민주주의가 성립하기 위해서 우리는 단순 관찰자가 아닌 참여자가 되어야 한다. 투표하지 않는 자, 불평할 권리도 없다.
– 루이스 라무르, 미국 소설가 –

사람들이 생각하지 않는 것이 그들을 관리하는 정부에게는 얼마나 행운인가!
– 아돌프 히틀러, 독일 정치인 –

모든 국민은 자신들의 수준에 맞는 정부를 가진다. - 알렉시스 드 토크빌, 프랑스 철학자 -

정치꾼은 다음 선거를 생각하고 훌륭한 정치인은 다음 세대를 생각한다.
- 제임스 프리먼 클라크, 미국 정치인 -

민주주의 제도에서 유권자 한 사람의 무지가 모든 사람의 불행을 가져온다.
- 존 F. 케네디, 미국 35대 대통령 -

민주주의에 대한 나의 개념은 가장 약한 자가 가장 강한 자와 똑같은 기회를 가질 수 있는 것이다.
- 마하트마 간디, 인도 독립운동가 -

정치란 덜 나쁜 놈을 골라 뽑는 과정이다. 그놈이 그놈이라고 투표를 포기하면 제일 나쁜 놈들이 다 해 먹는다. - 함석헌 -

민주주의 사회의 선거란 무능한 다수가 부패한 소수를 당선시키는 것이다.
- 조지 버나드 쇼, 영국 문학인 -

투표소에서 볼 수 있는 다양한 스타일

다음은 투표소에서 선거 도우미로 일했던 분들이 전하는 실제 투표소에서 벌어지는 일들이래요. 좋은 점은 본받고 나쁜 점은 따라 하지 않으면 되겠죠?

1. '목소리 큰 사람이 이긴다!'는 스타일

"안내를 똑바로 해!"라고 소리치는 분들을 볼 수 있는데, 주로 안내해 주는 대로 가지 않고 본인 생각대로만 가다가 머쓱해지면 나오는 반응이랍니다.

2. 부정투표를 지나치게 의심하는 스타일

"투표용지는 접어서 함에 넣으셔야 합니다."라는 안내에 "투표용지를 접으면 반대편에도 도장이 찍혀서 무효가 된다는데, 부정투표 유도하는 거냐?"라면서 소리치는 분들도 있다네요. 투표에 사용하는 도장과 용지는 특수 약품 처리가 되어 있어서 바로 접어도 안 묻어난다네요. 의심하지 마세요.

3. 어린이 동반 스타일

아이들 교육을 위해 투표소에 자녀를 동반하시는 분들도 꽤 있답니다. 자라나는 세대에게 투표의 중요성을 알려주시는 건 좋지만, 투표장 안에 아이들 동반 입장은 허락되지 않습니다. 아이들은 밖에서 기다리는 수밖에 없습니다. 그리고 거동이 불편한 어르신이나 장애인들은 보호자가 동반 입장할 수 있지만, 그것도 기표소 안까지는 안 됩니다.

4. 정성을 다해 기도하는 스타일

연세 많으신 분 중에 투표용지를 투표함에 넣기 전, 두 번 세 번 절을 하시는 분들도 계시다네요. 투표를 신중하게 생각하시는 건 좋지만 기도로 이루어질 일은 아니지 않을까요?

제발,
지발,
부디…

5. 몰라도 너무 모르는 스타일

"투표를 어떻게 하나요?"란 물음에 "후보자 옆에 도장 찍으면 됩니다."했더니, "그럼 모든 후보 옆에 다 찍으면 되나요?"라고 묻는 젊은이도 있었답니다. 아무리 투표가 처음이라도 찍는 건 딱 한 명의 후보에게만! 이 정도는 상식 아닐까요?

6. 핸드폰으로 신분증명서를 대체하려는 스타일

투표하려면 본인임을 증명할 수 있는 신분증명서가 있어야 하는데요, 여권 · 주민등록증 · 공무원증 · 운전면허증 등 사진이 있어서 본인임을 확인할 수 있는 대한민국의 관공서나 공공기관이 발행한 증명서가 필요합니다. 그런데 젊은 층에서 "핸드폰에 들어 있는 전자 증명서로 대신하겠다."라고 하는 경우가 있답니다. 전자 증명서는 조작이나 해킹의 우려가 있어서 사용할 수 없습니다.

7. 투표지 들고 도망가는 스타일

투표를 위해 나눠준 용지는 '투표용지', 기표를 마친 투표용지는 '투표지'라고 부릅니다. 그런데 기표를 마친 투표지를 함에 넣지 않고 가지고 나가려는 분도 있다네요. 투표지를 들고 절대 밖으로 나가면 안 됩니다. 내 소중한 표가 무효가 되거나 잘못하면 선거법 위반으로 처벌받을 수도 있습니다.

8. 투표용지 바꿔 달라고 조르는 스타일

"도장을 잘못 찍었으니 용지를 바꿔주세요"라고 요구하는 분들이 가끔 있다고 합니다. 물론, 기표를 하기 전 훼손된 용지는 바꿔줄 수 있지만, 기표한 투표지는 바꿀 수 없다고 합니다. 부정투표의 우려가 있기 때문이지요.

세계의 이색적인 투표소

2016년, 일본에서 '이동식 버스 투표소'가 처음 등장했는데요, 거동이 불편한 분들을 위해 찾아가는 것인데, 경사로까지 설치해서 휠체어가 오르내리기 쉽게 만든 모습이 인상적입니다. 이제는 1만 2천여 명(2021년 기준)이 이용할 정도로 인기가 많다네요.

네덜란드에는 '풍차 투표소'가 있습니다. 네덜란드는 풍차의 나라로 유명한데요, 유명한 관광지에 풍차 투표소를 마련함으로써 관광과 투표를 한꺼번에 해결할 수 있게 만든 거라네요. 이외에도 '드라이브스루(Drive-thru)' 방식의 차량 이동식 투표 방법도 도입하여 네덜란드는 투표율을 8%나 올렸다고 합니다.

이탈리아 프레세나 지방에는 '이글루 투표소'가 설치되어 있다고 합니다. 이곳은 해발 2,580미터의 빙하 지역으로 스키나 보

드를 즐기는 사람들이 투표를 할 수 있도록 한 것이에요.

이 밖에도 미국에서는 우주 비행사를 위해 지상 400킬로미터 상공인 우주 정거장에 우주 투표소를 설치한 적이 있고, 수영장, 세탁소, 심지어 봉안당에도 투표소를 설치했었다네요. 투표율을 높이고 국민의 참정권을 보장하기 위한 세계 여러 나라들의 노력이 눈물겹습니다.

유리구슬로 투표하는 나라

아프리카에 있는 '감비아' 라는 나라에서는 후보자들의 사진이 붙어 있는 드럼통 모양의 투표함을 씁니다. 유권자들은 자기가 지지하는 후보 사진이 붙은 통에 선거관리위원회에서 나누어 준 유리구슬 한 개를 넣는 것으로 투표를 마친다네요. 부정 선거의 우려도 있고 다소 우스꽝스러운 이런 형식으로 선거를 치르는 이유가 뭘까요? 그것은 감비아의 높은 문맹률 때문입니다. 글을 읽지 못해서 투표에 참여하지 못하거나 무효표로 처리되는 것을 막기 위해 1960년대부터 유리구슬 투표를 도입했답니다. 투표 시

논술의 힘, 어휘력

- 이글루 (igloo) : 얼음과 눈덩어리로 만든, 지붕이 둥근 에스키모 사람들의 집.
- 봉안 : 신주나 화상을 받들어 모심. 과거 납골당으로 불림.

구슬 넣는 곳

작 전에 유권자들에게 투표용 드럼통이 비어있음을 확인시켜주기도 한다는데요. 글을 읽지 못하는 유권자를 위한 배려가 돋보이기도 하고, 좀 안타깝게 느껴지기도 하죠?

　인도와 필리핀에서는 투표를 마친 유권자의 손톱에 잉크를 묻혀준다고 합니다. 왜 이러는 걸까요? 그것은 투표한 사람이 두 번 투표하는 '중복투표'를 막기 위해서라는데요. 이때 쓰는 잉크는 최대 보름 정도 지워지지 않고 남아있다고 하니 중복투표에 대한 염려를 덜 수 있겠죠? 우리나라는 이런 투표 인증이 필수는 아니지만, 즐거운 투표 문화를 조성하고 투표율을 높이기 위해 자유롭게 투표 인증 사진을 찍는데요. 다만 투표소와 기표소 안에서의 인증 사진을 금지한다는 거, 알고 계시죠?

어린이도 투표할 수 있는 나라, 아직도 여성은 투표 못하는 나라

중남미에 있는 '코스타리카'라는 나라에서는 어린이도 투표합니다. 3살부터 12살 사이의 코스타리카 어린이들은 선거일에 투표를 할 수 있답니다. 어른들처럼 유효한 표로는 계산되지 않아서 선거 결과에 영향을 미치지 않는 모의 선거이지만 미래의 유권자에게 투표의 중요성을 일깨우는 의미에서 매우 소중한 행사라고 할 수 있겠죠. 이를 통해 코스타리카의 어린이들은 어렸을 때부터 자연스럽게 선거에 관심을 가지게 된다네요. 이런 선거를 준비하려면 돈도 들고, 번거롭긴 하겠지만 민주주의와 선거 교육을 위해서는 더없이 좋은 장치겠네요!

이건 연습이에요.
어른이 되면 내 투표
실력을 보여줄게요!

그런가 하면 오늘날까지도 여성들에게 선거권을 주지 않는 나라가 있다면 믿어지시나요? 하긴 여러분이 많이 들어봤을 '사우디아라비아'라는 나라도 여성들에게 참정권을 허용하지 않다가 2015년에야 허용했는데요, 이보다 더한 나라가 바로 이탈리아의 수도 로마 안에 있는 '바티칸 시국'입니다.

세계 가톨릭의 중심지, 교황이 사는 나라, 세계에서 가장 작은 나라인 바티칸은 국가 원수가 교황이고, 교황이 돌아가시거나 스스로 물러날 때 선거를 통해서 후임자를 뽑습니다. 이때 새 교황을 선출할 수 있는 선거권은 가톨릭교회의 고위 성직자인 '추기경'만 갖고 있는데, 여성은 추기경이 되기 전 단계인 '사제'가 될 수 없기에 기본적으로 참정권이 없다고 볼 수 있는 것이죠. 그러나 지난 2023년 4월 바티칸 교황청은 "여성도 시노드(세계 주교대의원회의)에서 투표할 수 있게 됐다."라고 밝혀, 앞으로는 여성도 회의에 참석해 교황에게 전달될 건의안 등에 대한 투표는 할 수 있게 되었습니다. 비록 여성의 완전한 참정권 보장까지는 아니지만, 바티칸 여성의 참정권이 점점 확립되는 추세는 다행이라고 할 수 있겠지요?

조선시대에도 투표가 있었다?

여러분은 우리나라 최초의 투표가 언제였다고 알고 있나요? 혹시 1948년 5월 10일의 선거가 최초라고 알고 있나요? 놀랍게도 그보다 훨씬 이전인 조선시대에 국민 투표가 있었다고 하네요. 한글 창제와 해시계 발명 등으로 백성들의 삶을 편하게 만드는데 많은 관심을 보이셨던 세종대왕 시절의 이야기입니다.

논술의 힘, 어휘력 ━━━━━
- 추기경 : 교황 다음가는 성직. 교황의 최고 고문으로 교회 행정과 교황 선출에 관여함. 홍의(紅衣) 주교.

1430년, 세종대왕은 새로운 세금 관련 법(法)인 '공법'의 시행 여부를 놓고 납세자인 백성들에게 직접 찬반 의견을 구했습니다. 한양에서 총 17만여 명이 투표에 참여하였다니, 당시 노비 등을 제외한 거의 모든 사람이 투표에 참여한 것으로 보이며, 이 중 98,657명이 찬성하였다는 결과가 세종실록에 기록되어 있습니다. 백성과의 소통을 중요시한 세종대왕이 백성들의 뜻을 받아들여 만든 '공법'은 현재까지도 세종대왕의 위대한 업적 중 하나로 기록되고 있습니다.

공법 시행에 찬성하는지
17만 명에게 묻노라~

백성과의
대화

논술의 힘, 어휘력

- 공법 : 국가나 공공 단체 상호 간의 관계나 이들과 개인의 관계를 규정하는 법률(헌법 · 행정법 · 형법 · 국제 공법 따위).

한편, 현대적 의미에서의 '선거'가 최초로 실시되었던 1948년 5월 10일을 기념하기 위해, 우리나라에서는 매년 5월 10일을 '유권자의 날'로 정해놓고 있습니다. 이날은 선거의 의미를 되새기고 투표 참여를 유도하기 위해 중앙선거관리위원회에서 2012년에 제정한 기념일이고, 이날을 기념하기 위해 5월 10일~5월 16일을 유권자 주간으로 지정하여 운영 중이라니, 이날은 선거가 없더라도 유권자로서 권리와 의무를 다시 한번 되새겨보아야겠습니다.

대통령 말고 수상(총리)이 더 힘이 센 곳이 있다고?

우리나라와 미국 등은 '대통령'이 정치의 중심이자 최고 권력자이지만 영국이나 일본 등에서는 '수상' 혹은 '총리'라고 불리는 사람이 정치적 실권을 쥐고 나라를 이끌어갑니다. 이렇게 누가 정부를 이끌어 가느냐에 따른 구분을 '정부 형태'라고 부르고, 앞에서 말한 정부 형태를 '대통령제'라 부르며, 뒤에서 말한 정부 형태를 '의원내각제'라고 합니다. 몇몇 나라에서는 이 두 가지 정부 형태를 섞어서 운영하는데 우리도 그중 하나입니다. 우리나라에서는 1948년 최초의 선거 이후 대부분 '대통령제'를

논술의 힘, 어휘력 ──────

● 내각 : 국무 위원들로 구성되어 국가의 행정을 담당하는 행정 중심 기관.

이어오고 있지만, 중간에 딱 한 번 '의원내각제'를 운영한 때가 있었고, 지금도 의원내각제로의 변경을 주장하는 목소리도 꽤 많이 있습니다.

그렇다면 대통령제와 의원내각제는 각각 무엇이며, 어떤 특징을 가지고 있을까요? 대통령제의 뿌리는 미국에 있습니다. 미국은 군주제로 국왕권이 막강하던 영국으로부터의 독립 전쟁에서 승리한 후, 영국과 달리 견제 받는 권력의 선출을 원했고, 이에 따라 선거로 선출되고 임기가 정해지는 '대통령'을 배출하기에 이르게 된 겁니다. 이런 역사적 배경에 따라 전통적인 대통령제의 핵심은 권력의 '견제와 균형'이며, 국민에 의해 선출되는 또 다른 권력인 의회와 권력을 나누게 됩니다.

일반적으로 대통령제에서는 대통령이 국가 원수와 행정부 수반의 지위를 가지므로, 내각을 구성하는 장관 임명권, 군을 지휘하는 군 통수권, 의회에서 만든 법률안을 거부할 수 있는 법률안 거부권, 다른 나라와 조약을 체결하는 조약 체결권 등 막강한 권한을 가집니다. 따라서 대통령제는 안정적으로 국가 정책을 펼쳐

논술의 힘, 어휘력 ─────────

- 군주제 : 세습 군주를 국가의 원수로 하는 정치체제. 군주 제도.
- 견제 : ① 한쪽이 지나치게 세력을 펴거나 자유로운 행동을 하는 것을 못하게 억누름. ② [군] 적을 자기 쪽에 유리한 지점으로 이끌어서 억누르고 자유행동을 못하게 방해함.
- 통수권 : 한 나라의 병력을 지휘하고 통솔하는 권한. 병마지권.

나가고 이에 따라 행정 집행이 효율적일 수 있다는 장점이 있습니다. 반면에 대통령의 강력한 권한으로 인해 독재로 흐를 수 있고, 의회와 대통령이 대립하게 되면 국정이 혼란에 빠지는데 이를 수습할 방법이 마땅치 않다는 단점이 있습니다.

대통령제에서는 국민이 대통령과 의회 의원을 뽑지만, 의원내각제에서는 국민이 의회 의원만을 선출합니다. 그리고 보통은 의원을 가장 많이 배출한 정당의 대표가 수상(혹은 총리)으로 선출되는 정부 형태가 의원내각제입니다. 대통령제가 견제와 균형의 원리로 운영된다면 의원내각제는 권력의 융합을 바탕으로 운영됩니다. 내각(장관)은 의원들로 구성되며, 따라서 내각에서도 의회에 법률안을 제출할 수 있고, 의견을 낼 수도 있습니다. 하지만 여기서도 서로에 대한 견제 방법은 존재합니다.

내각이 의회의 지지를 잃게 되면 의회는 내각 불신임권을 행사

총리보다 대통령이지!!

쯧쯧! 의원내각제에서는
총리가 짱이야.

할 수 있으며, 반대로 내각은 의회를 해산할 수도 있습니다. 입법부와 행정부가 서로 잘 협조하여 효율적인 국가 운영을 할 수 있다는 것이 의원내각제의 장점입니다. 하지만 의회에 과반수 정당이 없어서 서로 연대하는 연립 내각이 출범하면 각 정당의 이해관계에 따라 국정이 불안정해질 수 있고, 의회 해산과 내각 불신임이 이어질 때 국정 운영의 안정성을 해치며, 되풀이되는 선거로 인해 국력이 낭비될 수 있다는 단점이 있습니다.

　우리나라는 대통령제를 채택하고 있지만, 의원내각제 요소도 섞어서 운용하는데, 예를 들어 국무총리를 두고 있다던가, 국회의원도 장관을 맡을 수 있다는 점, 행정부에서도 법률안을 제안할 수 있다는 점 등은 전통적인 대통령제에서는 찾아볼 수 없는 것들입니다.

논술의 힘, 어휘력

- 운용 : 물건·제도 따위를 적절하게 사용함.
- 행정부 : 입법·사법 이외의 행정을 맡아보는 국가 기관.

1. 재벌이 선거에 불리한 점이 있다면 무엇인지 찾아보고 그 이유를 논술하시오.

2. 투표를 안 하면 벌을 주는 것이 옳은 것인지 논술하시오.

3. 가장 기억에 남는 선거와 관련된 명언 한 가지를 쓰고 그 이유를 논술하시오.

4. 유리구슬로 투표할 경우 생길 수 있는 부작용에 대해 논술하시오.

6

국가별
선거 이야기

미국은 대통령을 어떻게 뽑을까?

전 세계 대통령제의 뿌리는 미국에 있습니다. 대통령제는 1776년 영국과의 독립 전쟁에서 승리한 후 군주제를 거부하고 시민의 대표를 시민들이 직접 뽑겠다는 취지에서 도입된 제도이죠. 하지만 현재 우리나라의 대통령 직선제와 미국의 대통령 선거제도는 많은 차이를 보이고 있고, 미국의 대통령 선거제도는 미국인들조차도 이해하기 어렵다는 지적이 있습니다.

미국의 대통령 선거제도는 간선제입니다. 시민들이 대통령 선거인단을 뽑고 그 선거인단에 의해 대통령이 선출됩니다. 오히려 박정희 시절의 '통일주체국민회의'나 전두환 시대의 '대통령 선거인단'과 비슷한 형태라고 할 수 있습니다. 물론 우리나라에서는 독재를 연장하기 위한 수단으로 철저히 언론이 통제되고 자유가 배제된 상태에서 진행되었다는 점에서 미국의 '대통령 선거인단' 제도와는 구별된다고 하겠습니다.

또 다른 차이점은 우리나라 직선제는 단 한표라도 더 얻은 후보가 당선되는 구조라면 미국은 그렇지 않을 수도 있다는 것입니다. 미국의 대통령 선거인단 숫자는 50개 주에 일괄적으로 2명

논술의 힘, 어휘력 ────────

- 간선제 : '간접 선거 제도'의 준말. ↔ 직선제.
- 언론 : ① 개인이 말이나 글로 자기 생각을 발표하는 일. 또는 그런 말이나 글. ② 매체를 통하여 어떤 사실을 밝혀 알리거나 어떤 문제에 대하여 여론을 형성하는 활동.

씩 배정된 상원 의원 100명과 각주의 인구에 비례해서 배정된 하원 의원 435명, 그리고 그 어떤 주에도 속하지 않은 수도 워싱턴 D.C.에 배정된 3명을 합한 총 538명입니다.

미국은 양당제 국가로 민주당과 공화당이 대통령 선거인단을 꾸립니다. 예를 들어 인구가 가장 많아 하원 의원이 53명에 달하는 캘리포니아주(洲)는 상원 의원 2명을 포함해 배정된 선거인단이 총 55명입니다. 그러면 민주당과 공화당은 각각 55명의 선거인단을 선출하고, 유권자들은 각 당 선거인단 후보들에게 투표합니다. 그런데 이때 민주당이 한 표라도 더 많이 얻으면 캘리포니아주에 배당된 55명의 선거인단은 전원 민주당 몫이 되고, 실제 대통령 선거에서 민주당 후보를 찍게 되는 것입니다.

그런데 여기서 두 가지 의문이 생길 수 있습니다. 첫째는 주별 선거인단 선거에서 왜 단 한 표라도 많은 당이 그 주에 배정된 선거인단을 모두 가져가냐는 것입니다. 여기에는 미국이라는 연방 국가를 수립할 때부터 이어져 온 전통적인 주별 독립 정신이 담겨있습니다. 미국은 50개의 주를 각각 하나의 국가로 여기며 주별로 독립성을 최대한 보장하는 전통이 있는 나라입니다. 그래서 주별로 법도 다르고, 주별로 정부도 따로 구성하죠.

그러니 주(洲) 내에서 치열하게 경쟁하다가도 승패가 결정되면 그 주의 모든 의견은 하나로 모아야 한다는 논리이며, 이를 승자독식 제도((Winner Takes All)라고 합니다. 그래서 미국의 대통령 선거에서는 전체 국민의 지지율에서는 이기고도 대통령 선거인단 수에서는 지는 바람에 낙선하는 경우가 발생한 적이 있습니다.

또 한 가지 의문은 주별 선거인단 선거에서 당선된 선거인이 막상 실제 대통령 선거에서 다른 당 후보에게 투표하면 어쩌냐는 것입니다. 예를 들어 민주당 선거인단으로 선출된 사람이 막상 공화당 후보에게 투표하면 어쩌냐는 것이지요. 실제로 국민과 약속을 어기는 선거인은 역사상 손에 꼽을 정도로 소수였다고 합니다. 하지만 소수라도 그런 사람이 있었다는 것 자체가 신기하지요?

영국은 총리(수상)를 어떻게 뽑을까?

2023년 5월, 영국에서는 찰스 3세가 왕위에 오르는 대관식이 70년 만에 펼쳐졌습니다. 그의 어머니인 엘리자베스 2세 여왕이 자그마치 70년 동안이나 왕위를 지켰기 때문에 역사상 가장 긴 시간 동안 왕세자의 자리를 지킨 불운의 국왕이라고 해야 할까요? 비록 73세의 늦은 나이에 왕좌에 오르고, 하는 일은 외국 국가 원수를 맞이하고 귀족을 임명하는 등 형식적 지위에 그친다고는 하지만 왕이 되는 일은 우리가 상상할 수 없는 기쁜 일이기는 하겠지요?

영국의 국왕은 상징적인 국가 원수일 뿐 국내외 정치·행정의 실질적인 최고 책임자는 총리입니다. 의원내각제의 원조는 영국이고, 총리는 사실상 임기가 정해져 있지 않습니다. 영국 의회는 귀족들로 구성되는 상원과 평민으로 구성되는 하원으로 나누어지는 '양원제(兩院制)'인데, 총리는 하원의 다수당 대표가 맡게 됩니다.

상원은 90여 명의 세습 귀족을 포함하여 700여 명으로 구성되며, 하원은 650명의 선출직 임기제 의원으로 구성됩니다. 그런데 영국의 상원은 법률안 거부권도 주어지지 않는 등 권한도 크지

논술의 힘, 어휘력
- 왕세자 : 왕위를 이을 왕자.
- 세습 : 한집안의 재산이나 신분, 직업 따위를 대대로 물려주고 물려받음.

않고, 민주적으로 선출되지도 않는데 존재하는 것도 이해하기 힘든 일이지요? 한편 하원은 임기가 5년으로 정해져 있지만, 총리가 국민들의 지지를 받느냐 못 받느냐에 따라 임기를 채우고 더 하기도 하고, 임기를 채우지 못하고 물러나서 다시 의회 선거를 치르는 경우가 발생하기도 합니다.

의원 수 650명의 하원 선거제도는 소선거구제로 비례대표제나 결선 투표제가 없는 완전 단순다수대표제입니다. 즉, 한 선거구에서 무조건 한 표라도 더 많은 사람이 당선되는 점 때문에 영국 총선은 두 거대 정당인 보수당과 노동당에 대단히 유리한 제도이고, 그 외 소수 정당에는 상당히 불리합니다. 실제 최근 30여 년간 득표율과 의석 점유율을 비교해 보면 거대 양당의 득표율은 70% 내외에 불과하지만, 의석 점유율은 87% 정도에 이르고 있어서 그 차이가 심한 편이라고 합니다.

이로 인해 소수 정당에서는 소선거구제를 개혁하자는 의견을 강하게 주장하였지만, 2011년에 국민 투표에서 이 주장은 부결되었습니다. 하지만 지금도 비례대표제 도입을 주장하는 사람들이 늘고 있어서 최근 여론 조사에서는 응답자의 절반 이상이 비례대표제 전환을 지지하고 있다고 하네요.

한편, 영국에서 가장 오랫동안 임기를 이어간 총리는 약 21년 재임한 영국 초대 총리 '로버트 월폴'이고, 가장 짧게 임기를 마친 총리는 제78대 '리즈 트러스' 총리로 44일이었다고 하네요. 물론 정치 상황이나 시대적 상황 등이 다르긴 하겠지만 국민 지지율에 따라 달라지는 영국 총리의 임기를 보여주는 단적인 예라고 할 수 있겠지요?

프랑스는 대통령을 어떻게 뽑을까?

1789년 시민 혁명에 성공해 국왕과 왕비를 단두대에서 처형시킨 프랑스는, 왕정(王政)을 폐지하고 공화국을 세워 시민들이 직접 통치에 참여하는 민주 정부를 수립합니다. 그리고 사실상 초대 대통령이던 나폴레옹이 스스로 황제에 올라 왕정복고를 선포하는 등 우여곡절을 겪은 끝에 다시 안정적인 공화국의 길을 걷게 됩니다.

프랑스의 대통령 선거는 국민이 직접 대통령을 선출하는 직선제이며, 임기는 5년이고, 1회 연임이 가능합니다. 프랑스가 유럽의 대표적인 강대국이고 프랑스 대통령은 유럽의 다른 나라 대통령에 비해 권한이 막강하기 때문에 프랑스 대선 때는 유럽 전체가 큰 관심을 갖습니다. 선거는 1차 투표에서 과반수 득표자가 있는 경우 그 후보가 대통령으로 선출되지만, 과반수 득표자가 없는 경우 1차 투표 최다 득표자 2인을 대상으로 결선투표를 해

논술의 힘, 어휘력

- 공화국 : 주권이 국민에게 있는 나라. 공화 정치를 하는 나라.
- 연임 : 원래 정해진 임기를 다 마친 뒤에 다시 계속하여 그 직위에 머무름.

서 당선자를 확정합니다. 누가 당선되든 국민 과반수 지지는 얻는 셈이죠?

프랑스는 18세 이상의 시민에게 선거권을 주고, 대통령 선거에 나설 수 있게 하는 피선거권 역시 18세 이상이면 주고 있습니다. 우리나라가 40세 이상은 되어야 하는 것과는 차이가 있지요? 프랑스에서도 한때 내각제를 채택하여 실권이 총리에게 주어지고 대통령은 명목상으로만 존재한 시기도 있었지만, 1958년 제5공화국이 시작되면서 다시 강력한 대통령제 국가가 됩니다.

아래는 지난 2022년 실시된 프랑스의 대통령 선거 결과입니다.

2022년 프랑스 대통령 선거 1차 투표 (2022. 4. 10.)					
순위	후보명	정당	성향	득표율	결선 여부
1위	에마뉘엘 마크롱	르네상스	중도	27.84%	진출
2위	마린 르펜	국민연합	극우	23.15%	진출
3위	장뤼크 멜랑숑	불복하는 프랑스	좌파	21.95%	탈락
12위	나탈리 아르토	노동자 투쟁	극좌	0.56%	탈락
선거인수	47,311,876		투표수	35,923,779	
무효표수	780,001		투표율	74.86%	

2022년 프랑스 대통령 선거 결선 투표 (2022. 4. 24.)					
순위	후보명	정당	성향	득표율	결선 여부
1위	에마뉘엘 마크롱	르네상스	중도	58.54%	당선
2위	마린 르펜	국민연합	극우	41.46%	낙선
선거인수	48,752,500		투표수	35,096,540	
무효표수	3,019,139		투표율	71.99%	

상당히 많은 후보가 1차 투표에 등장했지만, 결선투표에서 결국 국민 60% 가까이 지지를 받는 후보가 당선되지요? 우리도 이런 방식을 도입해 보면 어떨까요?

일본은 수상을 어떻게 뽑을까?

'이토 히로부미'를 기억하시나요? 우리나라를 수탈하다 안중근 의사의 손에 죽임을 당한 일본인이죠. 그 당시 이 사람의 직책이 바로 '총리대신'이었는데요, 다른 나라에서는 '수상'이라 불리기도 하는 내각제 아래서의 정치적 실권자를 가리키는 말입니다.

일본은 아시아 국가이면서도 영국식 내각 책임제를 채택하고 있는데 바로 일본의 초대 총리가 이토 히로부미입니다. 일본의 근대식 혁명이라고 할 수 있는 '메이지유신(1868)' 이전에는 이른바 막부시대로 쇼군(장군)들이 모든 권력을 쥐고 흔들었으나, 그 이후에는 총리가 일본을 이끌어가게 법으로 만들었습니다.

1885년 시작된 이후, 현재(2023)까지 138년 동안 총리제도가 이어지고 있으며, 총 101명의 총리가 그동안 임무를 수행해오고 있습니다. 일본의 총리는 실질적인 최고 지도자로서 외교적, 정치적, 군사적인 실권을 쥐고 있으며, 헌법에 따라 의원 가운데서 의회 의결로 지명되고, 일왕이 이를 임명합니다. 일본도 영국처럼 양원제를 채택하고 있는데, 영국의 상원에 해당하는 '참의원'과 하원에 해당하는 '중의원'이 있습니다. 총리는 전통에 따라 중의원과 참의원의 투표로 중의원 의원 가운데서 지명됩니다.

참의원도 처음에는 영국 상원처럼 귀족들로 구성되었었지만, 태평양 전쟁 이후 바뀐 헌법에 따라 중의원과 같이 선거로 선출된 248명의 일반인으로 구성됩니다. 참의원의 임기는 6년이며, 3년마다 선거를 통해 절반을 새로 선출하고 중의원에서 통과시킨 법률안에 대해 다른 의결을 할 수는 있지만, 중의원에서 2/3 이상의 찬성으로 재의결하면 법률로 결정되므로 중의원이 더 우월한 지위를 갖는다고 할 수 있습니다.

중의원의 임기는 4년이지만 총리가 해산할 수 있기 때문에 임기 4년을 다 채운 경우가 드뭅니다. 그리고 중의원이 내각을 불신임할 수 있지만, 그렇게 하려고 할 경우 총리가 먼저 중의원을 해산하므로, 이 역시 임기를 채우지 못하는 요인이 됩니다. 중의원 선거는 소선거구제와 비례대표 병립*으로 치러지는데, 선거구수 조정에 따라 의원 숫자도 달라져 현재는 지역구 289명, 비례대표 176명, 총 465명으로 구성되어 있습니다.

일본 의회는 1955년 이후 사실상 자유민주당(자민당)의 독주로 이어지고 있어서 정치의 활력이나 정치에서 국민들이 느끼는 효능감 면에서 우리와는 많이 다릅니다. 우리나라는 1987년 민주화 이후 선거를 통해 여당과 야당이 바뀌는 경우가 종종 있어

논술의 힘, 어휘력
- 병립 : 나란히 섬.

서 우리 국민들은 투표로 정치를 심판하고 이끌어간다는 정치의
식이 강합니다.

내 꿈은 총리라네!

우물가에서 숭늉을 찾는군!

참의원   중의원

중국은 국가 주석을 어떻게 뽑을까?

중국(중화인민공화국)의 최고 지도자를 뭐라고 부르는지 아시
나요? '국가 주석(主席)'이라고 부릅니다. '주석'은 국가나 정
부, 정당 등을 대표하는 최고 직위를 가리키는 말인데 좀 어렵지
요? '주석'은 전국 각 지방의 인민대표대회에서 직접선거로 선
출된 지역의 대표들이 '전국인민대표대회(전인대)'에서 주석을
선출하는 간접 선거 방식으로 진행됩니다. 이렇게만 보면 미국식
간접 선거와 다를 바 없어 보이지만, 전국인민대표대회 의원의

대부분이 중국 공산당원 및 공산당의 기관인 인민 해방군(중국군) 소속 군인으로 구성되어 있고, 또 헌법에도 중국 공산당에 의한 국가의 통치를 못박고 있어, 사실 자유로운 선거가 치러지고 있다고 볼 수는 없습니다.

현재 중화인민공화국 헌법에 의하면 만 45세 이상 성인이 국가 주석이 될 수 있으며, 임기는 5년입니다. 중국은 원래 행정부 수반인 국가 주석, 공산당 최고 지도자인 중앙위원회 총서기, 군대 통수권자인 중앙군사위원회 주석 등으로 권력이 나뉘어 있었으나, 현재 시진핑 주석이 이 모든 권력을 독차지하고 있습니다. 게다가 기존에는 3번 이상 주석 연임을 금지하였으나, 2018년 공산당 중앙위원회에서 관련 조항을 삭제해 장기 집권이 가능한 상태입니다. 이에 따라 중국의 개방과 민주주의로의 진전은 시진핑 장기 집권으로 뒷걸음질 치고 있다고 보여집니다.

북한은 최고 지도자를 어떻게 뽑을까?

북한의 정식 명칭은 '조선 민주주의 인민공화국˚', 놀랍게도 '민주주의'를 명시해놓은 국가입니다. 북한의 헌법에는 민주주의가 규정되어 있고, 민주 정치의 상징인 '복수 정당제'도 명시되어 있습니다. 보통 우리가 '민주주의'라 부르는 체제에서는 한 기관에 권력을 몰아주면 독재로 흐르게 된다고 보아, 입법·행정·사법으로 권력을 분리하고, 서로 견제하며 균형을 이루게 만들죠. 그리고 특정 집단이 권력을 독점하는 사태를 방지하기 위해 시민의 선거를 통해 입법부와 행정부의 인원을 주기적으로 바꾸고, 이를 위해 복수 정당제를 유지하며 여러 정당의 설립을 보장하고 있습니다.

그러나 북한은 공산당인 '조선노동당'이 모든 것을 결정하고 이끌어가며, 군대도 국가가 아닌 당의 군대이고, 국가, 군대, 정부 모두 강력한 당의 통제 아래 지배를 받는 형태입니다. 북한에서는 입법부(최고인민회의)가 행정부(내각)와 사법부(중앙재판소)보다 우위에 있으며, 그 입법부를 공산당이 장악함으로써 모든 국가 기관이 공산당의 통제를 받는 구조입니다. 북한에서는 '조선노동당 규약'이 헌법보다 우선하며, 헌법에서조차 노동당

논술의 힘, 어휘력

- 인민공화국 : 인민이 주권을 가지고 직접 또는 대표 기관을 통해서 주권을 행사하는 국가(보통 사회주의 체제의 나라에서 쓰는 말).

이 국가를 이끌어나갈 것을 명문화했습니다. 이런 이유로 북한의 정치체제와 통치 이념은 종종 전제군주제, 봉건제에 비유되기도 하며, 대부분의 현대 정치학자들은 북한을 전체주의 독재 체제로 분류하고 있습니다.

북한의 최고 권력자인 김정은 국무위원장은 북한의 국회에 해당하는 최고인민회의의 투표에 의해 선출되었고, 그 최고인민회의 대의원들도 모두 주민들의 직접 투표로 뽑힙니다. 그리고 북한에서는 3개나 되는 정당이 합법적 승인을 받아 활동하고 있는데 조선노동당 외 '조선사회민주당'과 천도교 계열 민족 정당인 '조선천도교청우당'이 있습니다. 이렇게만 보면 완벽한 민주주의의 틀을 갖추고 있지만, 사실은 이 세 정당이 연대하여 하나의 정치 집단인 '조국통일민주주의전선'을 구성한 뒤 여기에서 최고인민회의 대의원 후보 1인만을 배출하는 구조입니다.

당연히 후보는 1명이며, 그 후보에게 찬성하면 후보의 이름이 적힌 투표용지를 그냥 함에 넣으면 되고, 만약 반대한다면 후보

논술의 힘, 어휘력

- 명문화 : ① 문서로 명백히 밝힘. ② 법률의 조문에 명확히 밝힘.
- 전체주의 : 개인의 모든 활동은 민족 · 국가와 같은 전체의 존립과 발전을 위하여서만 존재한다는 이념 아래 개인의 자유를 억압하는 사상. 이탈리아의 파시즘과 독일의 나치즘이 대표적이다.
- 천도교 : 최제우를 교조로 하는 종교(인내천(人乃天), 곧 천인합일(天人合一)의 지경에 이름을 그 종지로 함).

의 이름 위에 두 줄을 긋고 투표함에 넣게 되는 구조입니다. 하지만 두 줄을 긋는 모습은 여러 사람에게 노출되게 되어 있기에 비밀투표는 이루어질 수 없습니다. 1948년 북한 정부 수립 이후로 치러진 대부분의 선거는 100% 투표율과 100% 찬성률을 기록하며, 가장 낮은 찬성률이 98.49%였다고 합니다.

한편, 2023년 11월 선거법 개정 이후 복수의 후보자가 등장하게 된 지방 인민회의 대의원 선거에서 "도 인민회의 대의원 후보에 대해 찬성 99.91%, 반대 0.09%이며, 시·군 인민회의 대의원 후보에 대해선 찬성 99.87%, 반대 0.13%였다"라는 북한 언론의 보도가 나와 눈길을 끌었습니다. 이는 북한 선거에서 전례가 없는 일로, 선거가 민주적으로 치러졌다는 점을 강조하기 위한 것으로 풀이됩니다. 0.1% 반대가 의미가 있을까 싶긴 하지만, 앞으로 북한의 선거 체제에도 변화가 있을지 지켜볼 일입니다.

참고로 북한의 최고 권력자는 왕조 시대와 다름없이 대대로 세

100퍼센트는 아니니까
나를 독재자라고 욕하지 말라우!

습되고 있는데, 1대인 김일성(1948~1994)은 '주석'이라 불렸으며, 2대인 김정일(1994~2011)은 '국방위원장', 3대인 김정은(2011~ 현재)은 '국무위원장'이라 불리며 오늘날까지 권력을 이어오고 있습니다.

1. 미국의 대통령 선거와 우리나라의 대통령 선거를 비교하여 논술하시오.

2. 프랑스의 대통령 선거 제도의 장점을 논술하시오.

3. 중국에서 국가 주석을 뽑는 과정을 쓰시오.

4. 북한에서 선거가 갖는 의미를 논술하시오.

7

초기의
우리나라
선거

우리나라 최초의 근대적 선거, 이승만 시절의 선거

>> 5 · 10 총선거

우리나라 최초의 근대적 선거는 1948년 5월 10일 실시됩니다. 이때 선출된 총 198명의 국회의원이 우리나라 헌법을 만들었기 때문에 '제헌 의회'라고 부릅니다. 헌법을 제정한 의회라는 뜻이지요. 이 선거에서는 21세 이상 모든 국민에게 투표권이 주어졌으며, 선거에 나설 수 있는 피선거권은 25세 이상에게 주어졌습니다. 민주주의 선진국이라는 영국에서 1928년에서야 여성에게 선거권을 주고, 미국에서 흑인에게 선거권이 주어진 것이

510 총선거 투표소 주민들이 국회의원 선거에 임하고 있다. 아빠를 따라온 듯 한 어린 아이는 신기한 듯 옆 투표구를 보고 있다. [중앙선관위(사이버선거역사관)]

대략 1960년대인 것을 감안하면 우리나라에서 보통 선거권은 굉장히 빨리 도입된 편이라고 할 수 있겠지요?

한편, 처음 헌법을 만든 분들은 우리나라 정부 형태를 의원내각제로 하려 했기 때문에 초대 대통령은 국회의원들이 뽑게 되었습니다. 이때 당선된 분이 바로 이승만 대통령입니다. 제헌 헌법에서 대통령의 임기는 4년이고 한 번 더 임기를 이어갈 수 있게 했으므로 총 8년까지가 가능했습니다. 하지만 이승만은 첫 번째 임기 말을 앞둔 1952년에 헌법을 개정하여 대통령을 국민이 직접 뽑을 수 있는 직선제로 바꿔버립니다. 얼핏 보기엔 간접 선거보다 직접선거가 더 민주주의 원칙에 들어맞고 국민을 위한 일처럼 보이지만 실상은 그렇지 않았습니다.

제헌 의회에서 이승만 대통령이 순조롭게 대통령에 당선될 수 있었던 것은 김구를 비롯해 덕망 있는 인물들이 선거에 나서지 않았기 때문인데요, 그것은 5 · 10 총선거가 남한만의 단독 선거였던 것과 관계있습니다. 김구 등 중도파 정치인들은 남한만의 단독 선거가 자칫 남북 분단을 고착화할 수 있다며 끝까지 남북 협상을 외쳤고, 결국 선거에 나서지 않았던 것이지요. 따라서 무난히 대통령에 당선될 수 있었던 이승만은 두 번째 국회의원 선거에서 자신을 지지하지 않던 사람들이 많이 당선되자 국회의원들의 간접 선거로는 다시 대통령에 당선될 수 없겠다는 우려를 하고 헌법을 바꾸어 직선제로 바꾸어버립니다.

이때는 1950년에 일어난 6.25 한국전쟁으로 수도가 부산으로 옮겨지는 등 나라 전체가 혼란한 상황이었기에 이런 때 국가 지도자를 바꿀 수 없다는 국민들의 정서에 기대기 위해서였지요. 이런 정치적 노림수를 눈치챈 국회의원들이 강력히 반발하자 야당 국회의원의 통근버스를 굴착기로 들어 올려 겁을 주고, 경찰서로 끌고 가서 협박하여 개헌안을 통과시키도록 하죠. '부산 정치 파동'이라 불리는 이런 비민주적인 과정을 통해서 1차 개헌이 이루어지고 이를 통해 이승만은 1952년 치른 선거에서 무소속 조봉암 후보를 74.6%대 11.4%로 물리치고 다시 대통령이 됩니다.

≫ 사사오입 개헌

8년에 걸친 집권에도 만족하지 못한 이승만은 또 한 번 기막힌 방법으로 임기를 이어가게 되는데, 이것이 바로 '사사오입 개헌'입니다. 사사오입은 수학 용어로 '4 이하는 버리고 5 이상은 올린다.'라는 뜻입니다. 원래 제헌 헌법에서 대통령의 임기는 4년에 한 번 더 허용되어 8년까지였습니다. 그런데 이승만은 초대 대통령 즉 본인에 한해서는 임기 제한을 두지 않는 종신 대통령이 가능하도록 헌법을 고치고자 했습니다.

1954년 11월 27일에 실시된 개헌 투표 결과는 재적의원

203명 중 찬성 135명, 반대 60명, 기권 7명, 무효 1명으로 개헌에 필요한 의결 정족수* 기준 재적의원 203명의 2/3 이상인 135.333…명에서 불과 0.333…명이 모자라 부결이 선포되었습니다. 이렇게 개헌은 불발된 듯 보였고 개헌*을 저지하고자 했던 당시 야당인 민주국민당(민국당)은 만세를 불렀습니다.

언론들도 민주주의 승리라는 기사를 내며 투표 결과를 확정적으로 받아들였습니다. 그러나 이 부결을 받아들일 수 없던 여당인 자유당은 개헌안이 부결된 다음 날인 11월 28일 긴급 의원총회를 소집해서 개헌안 부결에 따른 대책을 논의한 끝에 다음과 같은 억지 논리를 내세워 이미 확정된 표결을 번복하고 나섭니다.

'203의 수학적 2/3는 135.333…인데 0.333…은 0.5 미만으로서 수학의 사사오입의 원칙에 따라 버릴 수 있는 수이므로 203명의 2/3는 135.333…명이 아니라 135명이다.' 이 주장을 위해 유명한 수학자들까지 동원했지만, 이것은 명백히 헌법을 위반한 것이었습니다. 당시 헌법에 '개헌을 위해서는 재적의원 2/3 이상의 찬성이 필요' 하다고 했으므로 135.333…보다는 큰 숫자여야 하고, 인간을 나눌 수는 없으므로 가결에 필요한 숫자는 당연히 136 이상이어야 했던 것입니다.

논술의 힘, 어휘력

- 정족수 : 회의를 열고 의결할 수 있는 최소의 정원(定員).
- 개헌 : 헌법을 고침.

이와 같은 억지 주장에 야당 의원들이 강력히 항의하자 여당인 자유당은 깡패들을 국회로 동원하여 무자비한 폭력을 행사하는 등 민주주의의 요람이라 불리는 국회에서 있을 수 없는 일들을 일으키게 됩니다. 이와 같은 과정을 거쳐 이승만은 1956년 선거에서 조봉암 후보를 70%대 30%로 물리치고 3대 대통령이자 종신 대통령에 오를 수 있는 기반을 마련하게 되었습니다.

논술의 힘, 어휘력

● 요람 : ① 젖먹이를 눕히거나 앉히고 흔들어서 즐겁게 하거나 잠재우는 채롱. ② 사물의 발생지나 근원지. ♣ 요람에서 무덤까지 【관용구】 '나서 죽을 때까지'의 뜻. 사회 보장 제도의 충실함을 표현한 말(제2차 세계 대전 후 영국 노동당의 슬로건).

1956년 대통령 선거에서는 야당 후보였던 신익희가 선거 중 병으로 사망하는 등 이승만에게는 호재가 많았으나, 급히 후보로 선정된 조봉암이 30%나 득표하고 사망한 신익희의 표가 18% 이상이나 나오자 영구 집권을 꿈꾸던 이승만 정권에는 비상이 걸립니다. 그래서 이승만의 네 번째 대통령 도전을 위한 1960년 대통령 선거에서는 미리부터 치밀한 부정 선거가 기획됩니다.

자유당 입장에서는 당시 85세이던 이승만이 임기 중 사망하게 될 경우에 대비해 대통령 자리를 물려받게 될 부통령 자리도 꼭 차지해야 했습니다. 따라서 이승만과 함께 부통령 후보였던 이기붕도 당선시키기 위해 수단과 방법을 가리지 않게 되는데, 그 선봉에서 부정 선거를 지휘하던 사람이 내무부* 장관 '최인규'였습니다. 지금으로 따지면 행정안전부 장관인데, 선거 실무를 책임지며 가장 중립을 지켜야 할 그는 다음과 같은 말들로 공무원들에게 부정 선거를 독촉하였습니다.

"어떠한 비합법적인 비상수단을 써서라도 이승만 박사와 이기붕 선생이 꼭 당선되도록 하라. 세계 역사상 대통령 선거에 소송이 제기된 일이 있느냐? 법은 나중이니 우선 당선시켜 놓고 보아

논술의 힘, 어휘력

- 내무부 : 전에, 행정 각부의 하나. 지방 행정 · 선거 · 국민 투표 및 민방위에 관한 사무를 관장하고 지방 자치 단체의 사무를 감독하였음.

야 한다. 콩밥을 먹어도 내가 먹고 징역을 가도 내가 간다. 국가 대업 수행을 위하여 지시하는 것이니 군수, 경찰서장들은 시키는 대로만 하라."

이와 같은 최고위층의 지시에 발맞춰서 행정 공무원, 경찰, 군인, 심지어 '정치 깡패'로 불리던 폭력배들까지 똘똘 뭉쳐 국민의 민주적 의사를 짓밟는 행위에 나선 것이 3.15 부정 선거였습니다. 당시 부정 선거의 구체적 사례를 몇 가지 살펴볼까요? 우선 선거 당일에 유권자를 돈으로 매수하여 기권하게 만들거나, '4할 사전투표'라고 하여 전체 유권자 40% 정도의 표를 미리 자유당 지지 표로 만들어 투표함에 넣어두는 방법을 동원합니다.

다음으로 '3인조 또는 5인조 공개투표'라고 하여, 미리 짜둔 3인조, 5인조 별로 조장의 확인 아래 자유당에 투표하게 한 후에 자유당 선거위원에게 표를 보여준 다음 투표함에 넣는 방법입니다. 또 다른 방법으로는 투표장에 감시원으로 나가 있던 야당 참관인을 돈으로 매수하거나, 여의찮으면 온갖 구실을 붙여서 쫓아냈습니다.

개표 과정에서도 부정 선거는 저질러졌습니다. 전력 사정이 좋지 않았던 당시 상황을 이용하여, 밤중에 개표 현장에 있던 투표함을 통째로 바꿔버리거나 심지어 대낮에 일부러 불을 끄고 정전이라고 하면서, 어둠을 틈타 미리 준비한 투표함으로 바꿔치기도

논술의 힘, 어휘력 ────

- 콩밥 :〈속〉죄수의 밥. ♣ 콩밥(을) 먹이다【관용구】
  〈속〉감옥살이를 하게 하다.

했습니다. 또한 다른 후보를 찍은 표 뭉치 위아래에 이기붕의 표를 한 장씩 씌운 후 모두 이기붕의 표로 집계했으며 그 뒤엔 검표하지도 않고 몽땅 이기붕의 표로 집계하는 무식한 방법을 쓰기도 했습니다.

결과적으로 이승만과 이기붕이 당선되기는 했지만, 문제는 선거 조작을 너무 열성적으로 한 나머지 이기붕의 득표율이 99%를 넘기고, 일부 지역은 총유권자 수보다 득표수가 많은 사태가 발생했다는 것입니다. 이에 당황한 정부가 반발을 우려해서 득표수를 줄이라고 지시를 내려 이기붕의 득표율을 70%로 줄여서 발표하는 말도 안 되는 촌극도 빚어지게 됩니다. 물론 국민이 바보가 아닌 이상 부정을 눈치챌 수밖에 없었고 바로 선거 당일부터 마산에서 시위가 일어나게 됩니다. 경찰의 발포로 다수의 사망자를 낸 이 시위를 출발점으로 해서 다른 지역에서도 시민들이 부정선거에 반발하며 시위를 일으키면서 4 · 19 혁명이 일어나는 계기가 되었습니다.

3.15 부정 선거에 항의 시위를 하던 마산 상고 1학년 김주열 군이 눈에 최루탄이 박힌 시신으로 마산 앞바다에 떠오르고, 이 것이 경찰이 벌인 일로 밝혀지자 전국에서 이를 규탄하는 시위가 일어납니다. 특히 4월 19일 서울에서 일어난 대규모 시위를 진압 하는 과정에서 경찰의 발포로 100여 명의 사망자가 발생하고 다 시 이것을 규탄하는 시위가 전국에서 들불처럼 번졌습니다. 결국 부정 선거의 주역이었던 이기붕은 가족과 자살하고, 이승만은 하 와이로 망명하며, 대한민국 제1공화국은 문을 닫게 됩니다.

4 · 19 혁명 이후 국회는 우리나라 최초이자 마지막이 될 의원 내각제 개헌안을 통과(1960년)시킵니다. 이 개헌안이 통과된 직 후부터 1961년 5.16 군사 쿠데타가 일어나기까지 약 11개월의 짧은 기간을 '제2공화국'이라 부릅니다. 그리고 이때 미국과 같 이 국회를 두 개로 나눈 참의원(상원), 민의원(하원) 선거를 통해 새로운 정부를 구성하여, 1960년 8월 12일 국회 양원 합동회의 대통령 선거에서 윤보선이 당선되게 됩니다. 앞에서 말한 대로 의원내각제를 채택한 제2공화국에서 실권은 국무총리에게 있었

논술의 힘, 어휘력 ────────

- 최루탄 : 최루가스를 넣은 탄환(권총탄 · 폭탄 등이 있음).
- 망명 : ① 혁명의 실패 또는 정치적인 이유로 제 나 라에 있지 못하고 남의 나라로 몸을 피함. ② '망명 도주'의 준말.

고, 대통령은 형식적인 국가원수였습니다.

정치적 실권을 가진 국무총리는 장면이라는 사람이었는데, 같은 민주당이었던 윤보선 대통령과 파벌˙ 갈등까지 벌어져 정치적 기반이 약화되었고, 이승만 자유당 정권 청산˙에도 과감하지 못했습니다. 그러다 보니 민주당 정부는 4·19 혁명에 따른 다양한 개혁 요구에 소극적으로 대응하게 되었고, 각계각층에서 분출되는 이해관계를 잘 조정하지 못하게 되면서 사회적 혼란만 커져 5·16 군사 쿠데타의 빌미를 주었다는 지적도 있습니다.

하지만 제2공화국 민주당 정부는 '자유화'의 원칙에서 다양한 분야의 개혁을 추진하였습니다. 이승만 정권 아래에서 억압되었던 각계각층의 열망이 4·19 혁명 이후 활발한 정치 활동과 노동조합의 결성을 통한 노동운동 등의 방식으로 표출되었고, 정치 활동의 규제가 풀리면서 새로운 세력을 중심으로 각종 단체가 만들어집니다. 장면 정권은 4·19 혁명을 주도했던 학생·시민들의 다양한 활동을 최대한 보장하였습니다.

그러나 장면 정권은 다양한 사회적 요구와 들뜬 분위기에 적절히 대응하고 이것을 관리하는 데 한계가 있었으며, 당시 분열된 정치권도 공공연한 간섭과 비난 성명으로 장면 정권에 부담을 주

논술의 힘, 어휘력

- 파벌 : 출신지·학력 등 개인적인 이해관계에 따라 뭉친 배타적 분파.
- 청산 : ① 서로 간에 채무·채권 관계를 셈하여 깨끗이 정리함. ② 과거의 관계나 주의(主義)·사상·과오(過誤) 등을 깨끗이 씻어 버림.

는 등 제2공화국 정부의 정치 기반은 취약했습니다. 또한, 연이어 벌어지는 시위를 정부가 제대로 관리하지 못하자 사회 혼란에 대한 우려도 커지게 되었습니다. 이것이 2공화국이 출발하기 전부터 정권에 눈독을 들이던 군부 세력에 빌미를 제공하게 된 것이지요. 오랜만에 맛보게 된 민주 정부 아래서의 '자유'가 '혼란'으로 둔갑하게 된 것이 안타까운 제2공화국의 역사입니다.

두 번이나 헌법을 바꾼 박정희 시절의 선거
>> 군사 쿠데타로 제3공화국을 출범시키다.

4 · 19 혁명으로 시작된 제2공화국은 박정희 육군 소장을 중심으로 한 일부 정치군인들이 일으킨 5 · 16 군사 쿠데타로 무너지게 됩니다. 그럼 4 · 19는 왜 '혁명'이라 부르고 5 · 16은 왜 '쿠데타'라고 부를까요? 쿠데타의 사전적 의미는 "국민의 의사와는 관계없이 무력 등의 비합법적 수단으로 정권을 빼앗기 위해 일으키는 정변"입니다. 이에 반해 혁명은 "기존의 사회 체제를 변혁하기 위하여 국가 권력을 장악하던 계층을 대신하여 그 권력

논술의 힘, 어휘력

- 소장 : 장군의 하나. 중장의 아래, 준장의 위로 별 두 개의 계급임.
- 정변 : 반란 · 혁명 · 쿠데타 등의 비합법적인 수단으로 생긴 정치상의 큰 변동.

을 비합법적으로 탈취하는 과정"을 말합니다. 둘 다 비합법적인 방법을 사용한다는 점에서는 같지만 이루고자 하는 목표가 명확히 다릅니다. 즉, 4·19혁명은 국민이 힘을 모아 기득권 세력을 몰아내고 완전히 다른 권력을 내세웠다면, 5.16 쿠데타는 이미 기득권층이던 일부 정치군인들이 기존의 정치권력을 대신했을 뿐입니다.

이렇게 권력을 장악한 정치군인들에 의해 우리나라 최초의 시민 혁명으로 세워진 제2공화국 헌법은 효력이 정지되었고, 대한민국 헌정(憲政)은 이후 1963년 제3공화국이 출범하기 전까지 '국가재건 최고회의'에 의한 군인정치(軍政) 체제로 들어가게 됩니다. 1962년 국민 투표를 거쳐 새롭게 개정된 헌법은 의원내각제의 혼란을 방지한다는 명목으로 다시 대통령제를 채택하여 쿠데타 세력에게 권력을 몰아주는 방식으로 변경되었습니다. 이 당시 헌법에 따라 대통령은 행정부 수반으로서 국민에 의하여 직접 선출되고 4년의 임기 동안 탄핵 소추를 당하는 경우를 제외하고는 어떤 정치적 책임도 지지 않게 되었습니다.

한편 헌법에서 의원내각제의 유산이 완전히 제거되지 않았는데, 국무회의를 단순한 심의기관에 머물게 함으로써 의원내각제의 색채는 완화하였으나, 부통령 대신에 국무총리제를 채택하였습니다. 또, 국무 위원(장관) 임명도 국무총리의 제청에 의하게

하였고, 국회는 국무총리 또는 국무위원의 해임을 대통령에게 건
의할 수 있도록 하였으며, 국무총리·국무위원은 국회에 출석하
여 발언할 수 있도록 하는 등 의원내각제적 요소가 남아, 현재까
지 이어지고 있습니다.

이렇게 개정된 헌법에 따라 제5대 대통령 선거에서 박정희
(46.6%)가 윤보선(45.1%)을 이기고 대통령에 당선되었습니다.

제5대 대통령선거 홍보 포스터 제5대 대통령선거는 제3공화국 헌법이 제정된 이후 첫 번째
로 실시된 선거인 동시에 중앙선거관리위원회가 출범한 이후 처음으로 관리한 선거였다. [중앙선
관위(사이버선거역사관)]

논술의 힘, 어휘력

- 제청 : 어떤 안건을 제시해서 결정해 달라고 청구함.

투표율은 85.0%로 높은 편이었는데 두 후보의 표 차이는 약 15만 6천여 표(약 1.55%)로 이것은 2022년 윤석열 후보와 이재명 후보의 0.76% 이전까지 역대 대통령 선거 사상 가장 차이가 적은 것이었습니다. 2년 동안의 집권을 거친 후 이루어진 투표 결과라면 박정희가 훨씬 더 큰 차이로 이겼어야 할 텐데 약 1.5%의 차이가 난 것을 보면 당시 국민들의 평가가 냉정했다는 것을 알 수 있겠지요?

>> 경제 개발 계획의 성과로 다시 대통령에 당선되다.

첫 번째 4년 임기를 마치고 난 후인 1967년 치러진 제6대 대통령 선거에서 박정희는 야당 후보로 또다시 나선 윤보선에게 오히려 더 큰 표 차로 이깁니다. 사실 박정희에게는 5대 대통령 임기 동안 여러 가지 어려운 문제들이 있었습니다.

먼저 1965년에 '한일 기본 협약'을 맺어 식민 지배와 광복 이후 끊어졌던 일본과의 관계를 복원시킵니다. 그런데 문제는 36년간의 일제 강점기에 대한 제대로 된 사과와 배상을 받아내지 못해 지금까지도 이 문제가 한일 간 외교적·법적 문제로 이어져 오게 되었다는 것이죠.

더구나 여기에는 이후 밝혀진 '일본군 위안부' 문제나 '강제 징용' 문제는 포함되지 않았으니, 나중에 큰 논란이 될 수밖에 없었지요. 또 한 가지는 1960년대 초부터 시작된 베트남 전쟁에 미국의 요청으로 군대를 파견한 일이었죠. 물론 6.25 한국 전쟁에서 우리를 지원해 준 미국의 요구를 거부하기 어려운 측면도 있었지만, 식민 지배에서 벗어나 민족 통일을 이루려는 과정에 있는 다른 나라에 우리 젊은이들을 보내서 죽음에 이르게 하는 것이 옳으냐는 반론이 있을 수밖에 없었죠. 그러나 박정희는 이러한 문제들을 뒤로하고, 자원의 효과적 배분을 통해 우리나라 경제 발전의 기틀을 다졌던 '경제개발 5개년 계획'이 성과를 내기 시작하면서 제6대 대통령 선거에서 더 많은 표 차이를 냈습니다. 당시 박정희는 우리나라 최초의 고속도로 사업인 경인고속도로를 계획하여, 단군 이래 최대의 토목공사 사업이라 불린 경부고속도로 사업의 기초를 놓았으며, 지하철 사업을 계획했고, 처음으로 행정 업무를 위한 컴퓨터도 도입합니다. 이러한 정책들에 힘입어 박정희는 51.44%의 득표율로 윤보선(2위, 40.93%)을 여유 있게 제치며 당선되었고, 그 이후 장기 집권의 기틀을 다지며 권력을 탄탄히 하는 과정을 이어가게 됩니다. 한편 6대 대통령 선거는 결과가 뻔히 예측되는 선거이다 보니, 투표에 관심이 많이 떨어져서 당시로서는 역대 대통령 선거 중 가장 낮은 투표율(83.57%)을 기록했습니다.

논술의 힘, 어휘력

- 징용 : 전사나 사변 등의 비상사태에 국가의 권력으로 국민을 강제로 일정한 업무에 종사시킴.

5.16 군사 쿠데타 이후에 개정된 대한민국 헌법에서는 대통령의 임기를 4년씩 두 번 즉, 8년에 한정하고 있었습니다. 이 상황에서 이미 두 번째 임기를 이어가던 박정희 대통령은 1971년 선거에 당연히 출마할 수 없었지만, 당시 여당인 민주공화당의 국회의원 수가 전체의 2/3를 넘어 개헌을 할 수 있게 되자, 헌법을 고쳐 다시 출마하게 됩니다. 이른바 '3선 개헌'이라 불리는 이 과정에 동의하지 않던 여당 국회의원들은 제명 처분으로 아예 국회에서 내쫓고, 야당 의원들의 강력한 반대에 부딪혀 개헌안의 본회의 상정이 되지 않자, 새벽 2시 반에 공화당 의원들끼리 국회 별관에 모여서 날치기로 통과시켜버립니다.

이렇게 무리수를 두어 국민의 신망을 잃은 상태에서 진행된 71년의 제7대 대통령 선거에서 박정희는 이전과는 다른 젊고 패기 넘치는 상대를 만나게 되는데, 그가 바로 40대의 젊은 후보 김대중이었습니다. 야당 대통령 후보 경선에서 김영삼을 누르고 후보로 결정된 김대중은 빼어난 연설 솜씨와 논리의 정교함으로 유권자들을 불러 모아, 장충단에서 진행된 유세에 당시로서는 놀라운 숫자인 100만 명이 모이기도 했습니다.

그 자리에서 그는 "만일 이번에 정권 교체를 이루지 못한다면 이 나라는 선거도 없이 박정희 씨가 영구 집권하는 체제로 바뀔 것"이라고 말했고 나중에 이것이 현실로 이루어집니다. 결국 대통령 선거 당시, 부재자 투표에서 박정희 후보의 몰표가 나와 논란이 일기도 했고, 김대중 후보가 유리한 지역의 표가 석연치 않은 이유로 전부 무효표 처리되는 등 매우 불공정한 부정 선거라는 주장들이 많이 제기됩니다. 이와 관련해 박정희 정부 최고의 권력 기관이었던 중앙정보부장을 지낸 김형욱은 훗날 미국 의회 청문회에서 "부정 선거가 아니었다면 김대중 후보가 당선되었을 것이며 그 엄청난 부정 선거 공작에도 큰 표 차가 없는 결과를 낸 김대중 후보를 박정희가 상당히 두려워했다."라는 증언을 하기도 했습니다. 당시 젊은 데다 첫 출마였던 김대중 후보는 45.25%를 득표하여 53.19%로 당선된 박정희 대통령의 간담을 서늘하게 만듭니다.

결국 박정희 대통령은 그 이듬해인 1972년 10월 국회를 해산시키고 모든 정치 활동을 정지시킨 상태에서 헌법을 바꾸어 대한민국 제4공화국, 즉 유신체제를 성립시킵니다. 이 당시 유신헌법으로 대통령 직선제는 폐지되고 통일주체국민회의 대의원을 뽑아 이들이 대통령을 선출하게 하는 간접선거, 이른바 '체육관 선거'가 시작됩니다. 또한 유신헌법에서는 국회의원의 1/3을 대통령

논술의 힘, 어휘력

- 부재자 : ① 그 자리에 없는 사람. ② 주소지를 떠나 있어서 쉽게 돌아올 가망이 없는 사람.
- 청문회 : 국회 또는 행정 기관 등이 중요한 안건을 심사할 때 증인·참고인으로부터 증언·진술을 청취하거나 증거의 채택을 위하여 여는 모임.
- 대의원 : 정당이나 단체의 대표로 선출되어, 토의나 의결에 참가하는 사람.

이 추천할 수 있게 했으며, 대통령에게 헌법 효력까지도 일시 정지시킬 수 있는 긴급 조치권을 부여하고, 국회 해산권, 법관 임명권, 법률 거부권 등을 가지게 하여 대통령이 3권 위에 군림할 수 있도록 보장했습니다.

그리고 대통령의 임기를 6년으로 연장하고, 연임 제한을 철폐하여 종신 집권 즉, 죽을 때까지 대통령을 할 수 있게 하는 등 우리나라 현대 정치 역사에서 유래를 찾기 힘든 독재를 저지를 수 있게 한 것입니다. 대통령 선거 유세에서 "여러분들에게 나를 한 번 더 뽑아 주십시오, 하는 이야기도 이것이 마지막"이라던 박정희 본인의 약속을 실천한 셈입니다.

군사 쿠데타로 대통령에 당선된 전두환

유신헌법으로 장기 독재의 길을 걷던 박정희가 측근의 손에 암살되자, 갑작스러운 권력의 공백기에 그 자리를 꿰찬 것은 또 군인들이었습니다. 1979년 10월 26일 박정희의 죽음으로 당시 국무총리이던 최규하가 형식적인 체육관 선거를 통해 대통령 자리를 물려받았지만, 권력의 맛을 알고 있던 전두환을 비롯한 군대 내 일부 정치군인들은 또 한 번의 군사 쿠데타로 그를 쫓아내고 권력을 잡게 됩니다.

이들은 '하나회'라는 군대 내 사조직을 동원해 전방을 지키던 군대를 서울 시내로 진입시켜 상관과 대통령 등을 총칼로 위협하여 권력을 차지합니다. 전두환을 비롯한 군부는 이것을 규탄하며 민주화를 요구하던 광주 시민들마저 공수부대와 탱크를 동원하여 진압하게 되는데, 이것이 '5.18 광주 민주화 운동'입니다. 아직도 사망자 숫자를 비롯한 정확한 진상이 밝혀지지 않은 이 비극적 사건을 벌이며 역시 형식적인 체육관 선거로 대통령 자리에 오른 전두환은 대통령의 임기를 7년으로 늘리는 대신 단임, 즉 한 번으로 끝내는 헌법 개정을 통해 다시 한번 대통령 자리에 올라 11대, 12대를 역임하게 됩니다.

논술의 힘, 어휘력

- 사조직【명사】: 개인이 사사로운 목적을 위해 만든 조직.

체육관은
운동경기하는 곳 아닌가?

체육관
투표소

　이 시기를 제5공화국이라 부릅니다. 유신헌법으로부터 시작된 '체육관 선거'는 박정희 시절엔 '통일주체국민회의'로 전두환 시절엔 '대통령 선거인단'으로 이름만 바뀌었을 뿐, 2,500여 명 정도가 체육관에 모여 간접선거로 대통령을 뽑는 제도였는데, 매번 99% 이상의 투표율과 99% 이상의 득표율로 대통령이 당선되었습니다.

　정상적인 투표라면 99% 참석에 99% 찬성이라는 수치가 나올 수 있을까요? 눈에 보이는 혹은 보이지 않는 압력에 의하지 않고는 민주주의 사회에서는 나올 수 없는 숫자이지요? 그 시절을 '민주주의 암흑기'라 부르고 '독재 정치'라 불렀던 이유는 이렇게 국민 눈치 보지 않으며 자신들의 지위를 이어갈 수 있는 선거 제도가 존재했기 때문이 아닐까요?

1987년 6월 민주 항쟁과 직선제

7년 임기를 끝낸 전두환의 뒤를 이은 인물은 그의 육군사관학교 동기 동창이며, 군사 쿠데타를 함께 일으킨 노태우였습니다. 체육관 선거를 통해 친구끼리 대통령직 이어받기를 하려던 이들은 1987년 일어난 '6월 민주 항쟁'으로 계획을 변경할 수밖에 없게 됩니다. 18년의 박정희 군사 독재, 7년의 전두환 군사 독재를 거치며 이제 내 손으로 대통령을 뽑아서 주권을 회복하자는 시민들의 민주 항쟁을 폭발시키는 계기가 된 것은 '박종철 고문 치사' 사건입니다.

당시 민주화 운동을 하던 대학생 박종철이 하숙집에서 경찰관 6명에게 연행되어 간 후, 물고문을 받다가 사망했는데 경찰은 "책상을 '탁' 치니 '억' 하고 죽었다"라는 황당하기 짝이 없는 거짓말을 늘어놓아 많은 사람들의 분노를 샀고 이것이 민주 항쟁의 도화선이 되었습니다. 20여 일에 걸친 전 국민적 항쟁이 이어지자, 여당 대통령 후보로 지명되었던 노태우는 결국 대통령 직선제라는 국민적 열망을 받아들일 수밖에 없었고, '6.29 선언'을 통해 국민의 뜻을 수용하는 모양새를 갖춥니다.

더불어 당시 정치 활동이 금지되었던 야당 정치인들의 활동

논술의 힘, 어휘력

● 도화선 : ① 화약이 터지도록 불을 붙이는 심지. ②
사건 발생의 직접적인 원인.

을 허용하면서 야당의 분열을 노린 끝에 1987년 12월에 제13대 대통령에 당선되고 6월 민주 항쟁으로 바뀐 헌법에 따라 5년 단임의 임기를 수행하게 됩니다. 이때 대통령 선거에는 우리 정치사에서 유명한 '3김(김대중, 김영삼, 김종필)' 씨가 모두 출마하여 각각 표를 나눠 가지는 바람에 1971년 이후 16년 만에 치러진 직선제 대통령 선거에서 안타깝게도 전두환의 후계자인 노태우 후보를 당선시키는 결과를 가져오게 되었습니다. 선거 결과는 노태우가 36.7%의 득표율로 1위, 다음은 김영삼(28%), 김대중(27.1%), 김종필(8.1%) 순이었습니다. 당시 투표율은 89.2%였습니다.

1987년 대통령선거 개표장 [중앙선관위(사이버선거역사관)]

8

민주화
이후의
우리나라
선거

민주화 이후 최초의 민간인 대통령 김영삼

김영삼은 1954년 제3대 국회의원 선거에 이승만의 자유당 소속으로 출마해 국회의원에 당선되면서 정치를 시작하게 됩니다. 당시 만 26세로, 현재까지도 역대 최연소 국회의원으로 기록되고 있는 그는, 비록 자유당에서 정치를 시작했지만, 당시 대통령이었던 이승만이 장기 집권을 위한 사사오입 개헌안을 통과시키자 이에 반발하여 야당인 민주당으로 당을 옮깁니다. 이후 제3공화국에서 제5공화국까지 군사정권에 맞선 대표적인 야당 지도자 중 한 명으로 같은 당 동지였던 김대중 등과 함께 민주화 운동을 이끌었습니다.

그러나 1987년 6.29 선언으로 직선제 개헌이 이루어진 후 치러진 제13대 대통령 선거에서 김영삼은 김대중 후보와 끝내 단일화에 실패하면서 정권 교체에 대한 국민의 열망에 부응하지 못하게 됩니다. 이후 국회의원 선거에서 대통령이 이끄는 여당이 야당에 져서 '여소야대' 상황에 부닥친 노태우 대통령이 김종필(민주공화당 대표)과 함께 3당(민주정의당, 민주공화당, 통일민주당)이 합칠 것을 제안하자 이에 응하면서 김영삼은 오랜 야당 생활을 끝내고 여당 대표로 변신하게 됩니다. 3당이 합쳐 오늘날 한국 보수정당의 뿌리를 이루게 되면서 지지 기반을 넓힌 김

논술의 힘, 어휘력

● 여소야대 : 국회에서 여당은 소수의 의석을, 야당은
　　다수의 의석을 차지한 경우.

영삼은 1992년 제14대 대통령 선거에서 민주당의 김대중 후보를 꺾고 대통령에 당선되었습니다.

호랑이를 잡으려면 호랑이 굴로 들어가야 합니다!

김영삼이 이끌었던 정부를 '문민정부'라고 부르는데, 이것은 지난 30여 년 동안 이어져 온 군인 출신 대통령이 아닌 '민간인 출신 대통령에 의한 정부'라는 뜻입니다. 14대 대통령 선거 결과를 살펴보면, 당시 여당이었던 민주자유당의 김영삼 후보가 42.0% 득표율로 당선되었고, 김대중 33.8%, 정주영 16.3%의 득표율을 보였습니다. 전체 투표율은 81.9%였습니다.

김영삼은 임기 중 전두환의 군대 내 사조직이었던 '하나회'를 해산시키고, 모든 금융거래를 실제 명의(實名)로 하도록 함으로써 불법 자금을 막아 내는데 기여한 '금융실명제'를 실시하는 등 나름의 업적을 쌓았습니다. 그러나 김영삼 정부는 사상 초유의 금융 위기를 맞게 됩니다. 외환이 부족하여 국가가 파산하는 사태를 막기 위해 국제통화기금(IMF)으로부터 달러를 빌려오게 되

논술의 힘, 어휘력

● 외환 : 주로 미국 달러를 말하며, '외국환'의 준말.

는 이른바 'IMF 사태'를 겪게 되었지요.

때문에 김영삼은 초반의 인기는 뒤로한 채 역대 가장 인기 없는 대통령이라는 성적표로 물러나게 됩니다. "영광의 시간은 짧았지만, 고통과 고뇌의 시간은 길었습니다."라는 그의 대통령 퇴임사처럼 말이지요.

김대중, 사형수에서 대통령과 노벨상 수상자로

1971년 대통령 선거에서 젊은 패기를 보여주어 박정희의 간담을 서늘하게 했던 김대중은 유신헌법을 반대하는 투쟁의 선두에 섰다가 일본 동경에서 납치되어 동해에 수장(水葬)될 위기를 미국의 도움으로 가까스로 넘깁니다. 그러나 박정희 사망 후 쿠데타로 집권한 전두환에 의해 광주 민주화 운동의 주모자로 몰려 또다시 사형 선고를 받고 죽음의 위기로 내몰립니다. 이때도 미국의 압력 등으로 가까스로 사형은 면했지만, 집 밖으로 나올 수 없는 '가택연금'에 처 해지고, 일체 정치 활동을 할 수 없게 됩니

논술의 힘, 어휘력

- 국제 통화 기금 : 1944년의 브레턴우즈 협정에 따라 그 협정 가맹국의 출자로 1947년에 설립한 국제 금융 결제 기관(주로 환(換)과 단기 금융을 취급하며, 본부는 워싱턴임. 약칭:IMF).
- 수장 : ① 시체를 물속에 넣어 장사 지냄. ② 물속으로 가라앉히거나 버림.

다.

그러다가 노태우의 6.29선언으로 정치 활동이 가능해지면서 연이어 대통령 선거에 나서지만, 야당 정치인들의 분열과 김영삼의 3당 합당으로 여당의 세력이 커지면서 연거푸 낙선하게 됩니다. 그러던 중 김영삼 정부 막바지에 터진 IMF 사태와 김종필과의 정치적 연대(DJP연합)로 드디어 대통령 자리에 오르게 됩니다. 선거 결과 새정치국민회의 김대중 후보가 40.3% 득표율로 당선되고, 상대였던 이회창 후보는 38.7%를 얻었으며, 총 투표율은 80.7%였습니다. 김대중의 당선은 대한민국 현대사에서 최초로 여당과 야당이 평화로운 정권 교체를 이룬 것이라는 큰 의미가 있습니다.

내 목숨을 걸고 반드시 민주주의를 완성하겠습니다!

김대중은 2000년 6월 15일에 대한민국 대통령 최초로 북한을 방문하여 김정일 국방위원장과 남북정상회담을 실시하고 공동 선언문을 발표했는데, 그 내용은 "통일문제를 그 주인인 우리 민족끼리 서로 힘을 합쳐 자주적으로 해결해 나가기로 하였다"라고 선언한 것이었습니다. 이는 여태껏 남한을 동등한 대화 상대로 여기는 것조차도 거부하던 북한이 드디어 남한을 동등한 대화 상대로 받아들인다는 의미였고, 남한 역시 북한을 흡수통일의 대상이 아니라 공존과 협력의 대상으로 받아들인다는 의미를 담고 있었습니다.

김대중은 남북 분단 이후 최초로 정상회담을 갖고 화해 분위기 조성에 노력하였으며, 대한민국 민주주의 발전에 이바지한 공로로 우리나라 최초로 노벨 평화상을 수상합니다. 또 임기 중 IMF 외환위기를 비교적 빠르게 끝내는 등 우리나라 정치사에 큰 발자취를 남겼지만, 선거 기간 중 내걸었던 '내각제 개헌' 약속을 깬 점, 외환위기를 극복하는 과정에서 IMF의 권고로 늘린 '비정규직' 문제는 지금까지도 우리 사회에 부정적인 여파를 남기고 있습니다.

하지만 본인의 일기장에 마지막으로 남긴 "인생은 아름답고 역사는 발전한다."라는 글의 내용은 세상과 사람을 바라보는 그의 한결같이 따뜻한 시선을 말해줍니다.

노무현, 세상을 떠난 후 지지율이 더 높아진 대통령

고졸 학력으로 어렵다는 사법시험에 합격해 대전에서 판사 생활을 하던 노무현은 7개월 만에 판사를 그만두고, 고향인 부산에서 상업고등학교* 출신답게 세무 전문 변호사 사무실을 개업하여 상당한 돈을 벌게 됩니다. 그러다가 그는 1981년 부산지역 민주화 운동가들을 공산주의 세력으로 몰아 조작한 '부림사건'에서 고문당한 피고인의 변론을 맡은 일을 계기로 인권 변호사로 활동을 시작하게 됩니다. 당시 노무현 변호사와 부림사건을 다룬 영화 〈변호인〉이 2013년 개봉돼 1,100만 명의 관객을 모으기도 했었죠.

깨어있는 시민 여러분, 끝까지 저를 지지해 주십시오!

노무현을 정치로 끌어들인 사람은 김영삼이었으나, 김영삼이 노태우와 3당 합당을 선언하자 노무현은 이에 반발하여 여당 국회의원이 될 수 있는 길을 마다하고 야당의 가시밭길을 가게 됩니다. 그 뒤 3당 합당으로 여당의 세가 강력해진 부산에서 국회의원 선거에 출마해서 떨어지고, 또 떨어질 것을 알면서도 지역주의를 깨기 위한 도전을 계속 이어갔습니다. 이러한 사연이 널리 알려지면서 '바보 노무현'이라는 별명이 생겨났고, 우리나라 최초의 정치인 팬클럽인 '노사모(노무현을 사랑하는 사람들의 모임)'가 탄생하게 됩니다.

논술의 힘, 어휘력

- 상업 · 경제 · 경영 관련 분야 실무를 수행하는 데 필요한 기초지식과 기능 · 기술을 가르치는 고등학교.
- 피고인 : 형사 소송에서, 죄를 범했다고 검사로부터 공소의 제기를 당한 사람.

이 인기를 몰아 대통령 선거에 출마한 노무현은 당시 유명 정치인이던 재벌 현대가(家)의 정몽준과 경선을 통한 단일화에 성공하였으나, 대통령 선거 전날 정몽준이 단일화 파기를 선언하고 노무현에 대해 지지를 철회하면서, 대법관 출신의 유력 야당 후보인 이회창에게 패할 위기에 놓입니다. 그러나 이런 모습이 유권자들을 자극하여 오히려 지지층을 투표장으로 불러 모으는 효과를 낳아 결국 드라마와 같은 장면을 연출하며 대한민국 제16대 대통령에 당선되게 됩니다.

선거 결과 민주당 노무현 후보가 48.9%의 지지를 받아 당선되었고, 이회창은 46.6%를 득표했으며, 총 투표율은 70.8%였습니다. 김대중 대통령 이전엔 대대로 야당이었던 민주당 계열에서 최초로 선출된 영남권(경상도) 대통령이었습니다. 그는 균형 발전을 위해 수도 이전을 추진하고, 2007년 10월에 평양에서 김정일 위원장과 제2차 '남북정상회담'을 개최하는 등 굵직한 정책들을 실천했습니다.

하지만 수도 이전은 야당의 반대와 대한민국의 수도가 서울이라는 것은 '관습헌법'에 해당한다는 헌법재판소의 석연치 않은

논술의 힘, 어휘력

- 계열 : ① 한 갈래로 이어지는 계통 또는 조직 ② 생산·판매·자본·기술·중역 파견 등에 의한 대기업 상호 간 또는 대기업과 중소기업 간에 볼 수 있는 기업 결합.
- 관습 : 어느 일정한 사회 내부에서 오랫동안 지켜 내려와 일반적으로 인정되고 습관화되어 온 규범이나

결정으로 '행정수도 이전'으로 축소되었고, 남북정상회담은 정권 교체 후, 흐지부지되고 말았습니다. 또한 정치적 중립 위반을 이유로 다수당이던 야당이 대통령을 대상으로 탄핵 소추안을 통과시켜 대통령으로서의 직무가 정지되고 국무총리가 대통령의 권한을 대행하는 수모도 겪게 됩니다. 그러나, 헌법재판소가 탄핵 소추안을 기각하면서 노무현은 탄핵 소추 64일 만에 다시 대통령 직무에 복귀하였고 이에 대한 역풍으로 다음 총선에서는 여당이 국회의 다수당을 차지하는 일도 있었습니다. 퇴임 후에는 고향인 김해로 내려가 농사를 짓거나 환경운동을 하며 주민, 관광객들과 소통하는 모습을 보여 많은 인기를 끌었습니다.

  하지만 측근들의 부정부패를 조사하는 검찰의 압박을 이기지 못하고 62세의 나이로 스스로 생을 마감하고 맙니다. "민주주의 최후의 보루는 깨어 있는 시민의 조직된 힘입니다. 이것이 우리의 미래입니다." 이 말이 민주주의를 바라보는 그의 시각을 엿볼 수 있는 좋은 말이라고 생각됩니다.

논술의 힘, 어휘력

생활 방식.

● 보루 : ① 적의 침입을 막기 위해 돌ㆍ콘크리트 등으로 만든 견고한 구축물.

이명박, 4대강 정비로 시작해 부정부패로 막을 내리다.

안녕하십니까?
4대강과 자원 외교로
선진 한국을 이루겠습니다!

노무현 정부가 부동산 정책 실패 등으로 지지율이 10%대까지 하락하고, 여당이 여러 갈래로 갈라지면서, 제17대 대통령 선거에서는 야당의 당선이 유력해집니다. 이때 야당 후보로 선출된 사람이 서울시장 출신의 이명박이었습니다. 그는 대기업 사장 출신으로 서울시장 시절 청계천을 복원하여 시민의 쉼터로 만들고, 서울 시내버스 전용차로를 만들어 대중교통을 원활하게 하는 등의 서민 정책으로 인기를 얻게 되었고 이를 통해 대통령 후보 자리에 오릅니다.

야당의 승리가 점쳐져 김빠진 2007년 대통령 선거는 투표율은 사상 최저치(63%)를 기록했고, 이명박 후보가 48.67%의 득표율로 여당 후보 정동영(22.53%)과 대통령 선거 사상 최대 격차를 보입니다. 임기 중 이명박은 2008년 전 세계를 덮친 금융* 위기를

논술의 힘, 어휘력

- 금융 : ① 돈의 융통. ② 경제상 자금의 수요와 공급

나름대로 잘 헤쳐 나가고, 전 정부에서 불안정하던 부동산 가격도 안정세를 유지하는 등 경제 분야에서는 유능한 모습을 보이기도 하였습니다. 그러나 취임 후 얼마 지나지 않아서 불거진 광우병 파동에 제대로 대응하지 못해 대대적인 촛불 시위에 직면하면서 이후 반정부적인 여론을 탄압하려는 움직임을 보이기도 하였습니다.

한편, 친기업적인 행보로 인한 후퇴된 노동 정책과 평준화 교육을 뒤엎은 자사고, 특목고 정책, 환경 보전에 역행하는 4대강 사업 추진 등은 이후 한국 사회에 많은 논란과 상처를 남기게 됩니다. 그리고 이명박 대통령은 재임 전후의 부정부패 사건으로 재판에 회부되어 유죄를 선고받고 교도소에 복역하게 됩니다.

박근혜, 최초의 여성 대통령에서 최초의 탄핵 대통령으로

1979년 아버지 박정희가 측근에게 암살된 이후 정치 무대에서 퇴장하고 조용한 삶을 살던 박근혜는 1998년 제15대 국회의원 보궐선거에서 당선된 이후 제19대까지 내리 5번을 국회의원

논술의 힘, 어휘력

의 관계.
- 파동 : ① 물결의 움직임. ② 사회적으로 어떤 현상이 퍼져 커다란 영향을 미침.
- 보궐선거 : 의원의 임기 중 사직 · 사망 · 자격 상실

으로 활동하였습니다. 2004년 노무현 대통령 탄핵[*] 사태의 역풍으로 기존의 한나라당 주요 인사들이 몰락한 상황에서 박근혜는 한나라당 대표가 되었고 당시 여당인 열린우리당을 상대로 각종 선거에서 승리를 이끌며 '선거의 여왕'이란 별명도 얻게 됩니다.

최초의 부녀 대통령~
최초의 여성 대통령~
최초의 탄… 하하… 감사합니다.

2007년 제17대 대통령 선거에서는 같은 당 이명박에게 패배하여 선거에 출마하지 못했지만, 2012년 치러진 제18대 대통령 선거에서 민주통합당 문재인 후보에 승리하며 대한민국 제18대 대통령에 당선되었습니다. 이로써 그녀는 대한민국 역사상 최초의 여성 대통령이라는 타이틀을 거머쥐게 되었습니다. 이 당시 최종 투표율은 75.84%로 지난 2007년 대선 때보다 무려 12.81%나 증가하면서 선거에 대한 국민들의 높아진 의식이 드러났으며, 이는

논술의 힘, 어휘력

따위로 빈자리가 생겼을 경우 실시하는 임시 선거. 보선(補選).

● 탄핵 : ① 죄상을 들어서 책망함. 탄박(彈駁). ② 대통령·국무총리·국무 위원·법관 등의 위법에 대하여 국회의 소추에 따라 헌법재판소의 심판으로 해임하거나 처벌하는 일.

보수와 진보 세력의 본격적인 대결의 결과이기도 했습니다. 이때 박근혜 후보의 득표율 51.6%와 문재인 후보의 득표율 48%를 합하면 99.6%로 양 진영의 강한 결집도를 볼 수 있었습니다.

한편 이 선거 결과로 박근혜는 1987년 직선제 개헌 이후 최초로 과반을 득표한 대통령, 최초의 여성 대통령, 최초의 미혼 대통령, 최초의 대통령 자녀 출신 대통령 등의 타이틀을 차지하게 됩니다. 하지만 임기 4년 차인 2016년 10월 측근인 최순실(최서원으로 개명함)이 공직을 가지지 않았음에도 이권을 챙기고 국가 업무에 관여하였다는 '박근혜-최순실 게이트' 의혹이 본격화되면서 여론이 악화됩니다.

이에 2016년 12월 9일 국회에서 탄핵 소추안이 가결되며 대통령으로서의 직무가 정지되고, 결국 2017년 3월 10일 헌법재판소의 파면 결정에 따라 임기를 채우지 못하고 퇴진하는 최초의 탄핵 대통령이라는 불명예를 안고 물러납니다. 한편 그는 탄핵 이후에도 뇌물죄 등으로 형사 재판에 회부되어 징역형을 선고받고 교도소에 수감됨으로써 다시 한번 불행한 대통령의 역사를 이어가게 됩니다.

논술의 힘, 어휘력

- 게이트 : (일부 명사 뒤에 쓰여) 그것과 관련된 추문.
- 소추 : ① 검사가 특정한 사건에 관하여 공소를 제기하고 유지하는 일. ② 탄핵 발의를 하여 파면을 요구함.
- 가결 : 의안을 합당하다고 인정하여 결정함. ↔ 부결.

문재인, 갑작스럽게 대통령 자리에 오르다.

   노무현 대통령의 처음과 마지막 비서실장을 지낸 문재인은 안타까운 최후를 맞은 노무현 대통령을 보며 정치에 발을 들이게 됩니다. 2012년 제19대 국회의원 선거에 부산에서 출마해 당선되었으며, 안철수와 함께 제18대 대통령 선거의 야권 양대 대선 주자로 발돋움한 후 경선과 단일화 과정을 거쳐 새누리당 박근혜 후보와 양강 구도를 형성했으나 결국 3.53%의 차이로 낙선합니다.

   그러다가 박근혜 전 대통령이 파면된 이후 치러진 제19대 대통령 선거에서 대통령에 당선됩니다. 최종 투표율 77.23%를 기록한 이 선거에서 더불어민주당 후보인 문재인이 41.08% 득표율로 1위, 다음이 홍준표(24.03%), 안철수(21.41%) 순이었습니다.

   이때부터 우리나라의 대통령 선거는 종전의 12월에서 5월로 옮기게 되었습니다. 문재인은 전임 대통령의 탄핵으로 선거 다음 날부터 대통령에 곧바로 취임하였습니다. 문재인은 2018년 2월, 평창 동계 올림픽에서 남북 공동 선수단을 구성하는 등 남북 관계를 개선하여 결국 그해 4월

사람이 먼저입니다.

허허허...

김정은 북한 국무위원장과 정상회담을 갖고, 이후 4~5차례에 걸쳐 남북, 혹은 남북미 정상이 만나는 계기를 만들게 됩니다.

또한 2020년 초부터 발생한 '코로나19 사태'에 발 빠르게 안정적으로 대응하여 전 세계에 K-방역의 우수성을 알립니다. 하지만 남북 관계에 기대했던 만큼의 성과를 보이지 못하고 임기 내내 부동산 가격을 안정시키지 못하며 5년의 임기를 끝낸 탓에 자신이 지명했던 검찰총장 윤석열이 야당의 대통령 후보가 되어 2022년 제20대 대통령 선거에서 당선되는 모습을 지켜보게 됩니다.

지방선거는 왜 필요할까?

여러분 학교에서 학생회장은 전교생이 직접 투표해서 뽑지만, 각 학급의 학급회장은 학생회장이 지명한다면 어떤 결과가 벌어질까요? 그렇게 뽑힌 학급회장은 학급 학생들의 의견을 존중할까요, 아니면 자기를 뽑아준 학생회장의 눈치를 볼까요? 아마도 학생회장의 눈치를 살필 확률이 높겠지요? 그래야 다음에 또 시켜줄 수도 있을 테니까요.

논술의 힘, 어휘력
- 부동산 : 토지 · 가옥 · 임야와 같이 이동할 수 없는 재산.

국가라는 단위도 이런 방식으로 생각해 볼 수 있습니다. 대통령과 각 부 장관들로 이루어져서 국가에 영향을 미치는 행정 조직을 '중앙정부'라고 합니다. 그리고 서울시장, 경기도지사처럼 그 지역에만 영향을 미치는 지방 행정 조직을 '지방 정부'라고 부릅니다. 우리나라는 1948년 제헌* 헌법에 지방자치제도를 보장하였고, 지방 정부를 구성하기 위한 지방선거는 1952년 이승만 정부 시절에 부분적으로 도입되었다가 1961년 5.16 군사 쿠데타 이후에 중단되었습니다.

그러다가 1995년 김영삼 정부 시절에 완전하게 부활하였습니다. 지방선거는 시장이나 군수, 구청장 등을 뽑는 지방자치단체장(長) 선거와 지방의회의원 선거 및 교육감 선거로 이루어집니다. 지방선거가 실시되면 후보자는 당선되기 위해 주민의 삶의 질 향상과 지역 발전을 위해 애쓰게 되고, 주민들은 선거를 통해 다양한 지역 문제에 자기 의사를 직접 나타낼 수 있게 됩니다.

또 선출된 대표자들은 다음 선거에서도 지역주민의 평가를 받아야 하므로 임기 중 주민의 뜻을 존중하기 위해 최선을 다하게 됩니다. 그래서 영국의 정치학자 제임스 브라이스는 '지방선거는 민주주의의 학교'라고 표현했습니다. 이는 지방선거를 통해 주민의 정치의식이 높아지고 차세대 정치 지도자가 육성될 수 있으며, 이것이 풀뿌리 민주주의와 국가의 균형 발전으로 이어진다고

논술의 힘, 어휘력 ────────

● 제헌 : 헌법을 제정함.

봤기 때문입니다.

반면, 지방선거가 지역의 현안보다 중앙 정치에 의해 좌우되는 경우가 많으며, 우리나라뿐만 아니라 전 세계적으로 중앙 선거에 비해 투표율이 낮다는 문제가 있습니다. 아무래도 전국적으로 유명한 인물보다는 지역 인물을 뽑다 보니 지명도가 낮아서 사람들의 관심을 덜 끌게 되기 때문이겠지요. 하지만 지역 문제 해결을 위해서는 지역을 잘 아는 사람이 더 낫기에 주민들의 많은 관심이 필요하다 하겠습니다.

또 하나 지방선거의 문제점은 지역 이기주의에 빠져서 공동체의 이익을 도외시할 수 있다는 것입니다. 예를 들어, 화장장이나 쓰레기 매립지처럼 공동체에는 꼭 필요하지만, 그 어느 지역도 그런 기피 시설을 설치하려고 하지 않을 때 이를 해결하기보다는 지역 이익에만 몰입하는 정치인이 지방선거에서 승리하는 경우가 있을 수 있습니다. 따라서 지역주민의 실생활에 도움이 되고, 풀뿌리 민주주의에 터전이 되는 지방선거를 현명하게 활용하는 지혜가 필요하겠습니다.

한편, 지방선거에서는 각 지방의 교육행정을 책임질 교육감도 뽑는데, 헌법에서 규정한 교육 자치의 뿌리인 교육의 자주성, 전

논술의 힘, 어휘력

- 도외 : 어떤 한도나 범위의 밖.
- 교육감 : 서울특별시 · 각 광역시 및 각 도 교육 위원회의 사무를 총괄하는 직위. 또는 그 직위에 있는 사람.

문성, 정치적 중립성을 보장하기 위하여 정당 추천 없이 교육감을 선출하도록 하고 있습니다. 하지만 드러내고 정당이 추천하지 않을 뿐이지 사실상 이념에 따른 소속 정당이 드러나고 있다는 주장과 정당 추천이 없어 오히려 후보에 대한 정보가 부족해 '깜깜이 선거'가 되고 있다는 이야기들이 많습니다. 이에 따라 교육감도 차라리 정당 공천을 해야 한다는 의견도 끊임없이 제기되고 있습니다.

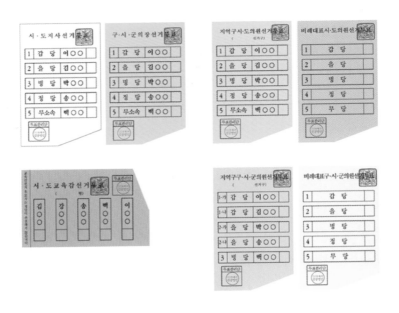

지방선거 투표용지 [중앙선거관리위원회]

1. 사사오입 개헌의 허점에 대해 논술하시오.

2. 4·19혁명을 선거와 관련지어 논술하시오.

3. 1987년 직선제를 획득하게 되는 과정에 대해 논술하시오.

4. 지방선거의 장점과 단점을 비교하여 논술하시오.

청소년, 선거의 주인이 되어 볼까?

청소년을 위한 살아 있는 선거 이야기

2024년 2월 5일 1판 1쇄

지은이 이효건

펴낸이 정덕원 **펴낸곳** 이집트 출판사
주소 (우)01188 서울특별시 강북구 솔샘로 47길 7, 2층
전화 070 7537 0819 **팩스** 070 8668 0819
이메일 publishing.egypt@gmail.com
홈페이지 https://www.instagram.com/publishing.egypt
ISBN 979-11-986187-0-2 43340